Paris
1843

Borel d'Auterives, André François-Joseph

Précis historique sur la maison royale de Saxe et sur ses branches ducales de Weimar, Meiningen, Altenbourg et

Borel d'Auterives, André François-Joseph

Précis historique sur la maison royale de Saxe et sur ses branches ducales de Weimar, Meiningen, Altenbourg et

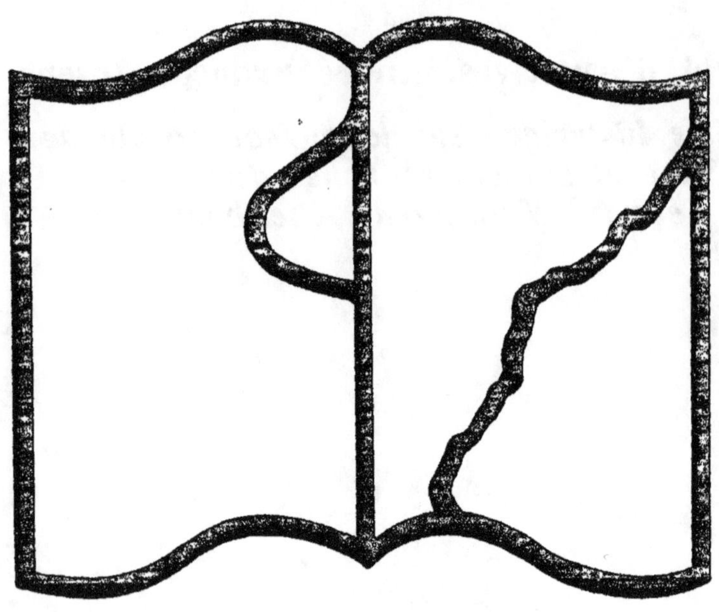

Symbole applicable
pour tout, ou partie
des documents microfilmés

Texte détérioré — reliure défectueuse

NF Z 43-120-11

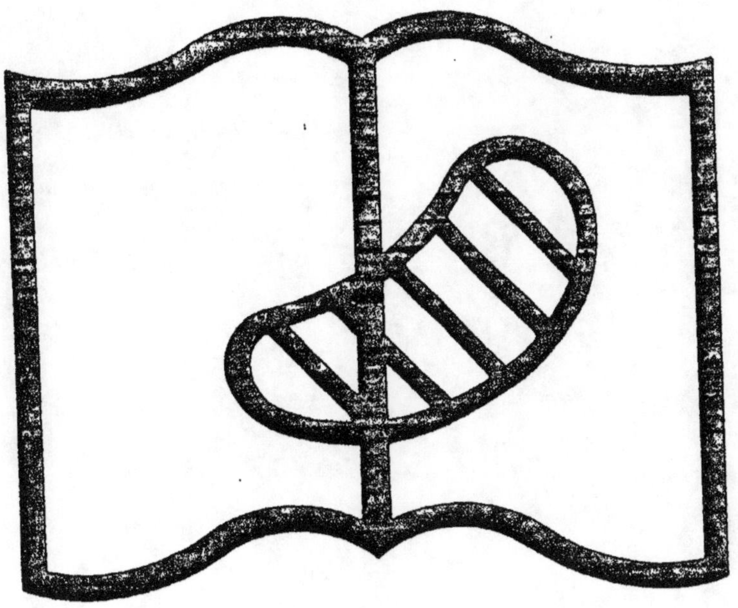

Symbole applicable
pour tout, ou partie
des documents microfilmés

Original illisible

NF Z 43-120-10

PRÉCIS HISTORIQUE

SUR LA

MAISON DE SAXE

Paris. — Typographie Lacrampe et Comp., rue Damiette, 2.

PRÉCIS HISTORIQUE

SUR LA

MAISON ROYALE DE SAXE

ET SUR SES BRANCHES DUCALES

DE WEIMAR, MEININGEN, ALTENBOURG ET SAXE-COBOURG-GOTHA,

DEPUIS

L'ORIGINE DES COMTES DE WETTIN

JUSQU'A NOS JOURS,

PUBLIÉ

PAR M. BOREL D'HAUTERIVE,

archiviste paléographe.

PARIS.

AU BUREAU DE L'ANNUAIRE DE LA PAIRIE ET DE LA NOBLESSE,
RUE BLEUE, 28.

1845.

PRÉLIMINAIRES.

I

De la Saxe avant Charlemagne et sous le règne de ce prince.

u temps de la décadence de l'empire, la Saxe comprenait toute cette vaste étendue de pays situé entre l'Oder, la Sala, l'Issel et la mer Germanique. Les peuples qui l'habitaient étaient partagés en trois nations principales : les Saxons ostphaliens, les Saxons westphaliens et les Saxons angrivariens ; et ces trois nations se divisaient elles-mêmes en plusieurs autres qui avaient chacune leurs princes, mais qui toutes observaient les mêmes lois et les mêmes usages.

Les Saxons, doués d'une humeur remuante et belliqueuse, étaient trop jaloux de leur liberté pour se soumettre à une domination étrangère ; aussi luttèrent-ils longtemps contre les rois de France, et particulièrement contre Charlemagne

Thierri Ier, fils aîné de Clovis, envoya une armée, sous les ordres d'Odilon, comte d'Anvers, pour repousser les Saxons qui avaient fait une descente sur les côtes de la Gaule-Belgique, et qui furent obligés d'abandonner leur butin et de se rembarquer à la hâte.

Clotaire Ier, frère puîné de Thierri, fit plusieurs expéditions contre les peuples de la Saxe, et les défit sur les bords du Weser, où il en fit un grand carnage, et tua de sa propre main leur chef, nommé Berthold. Ils vinrent alors en suppliant offrir leurs troupeaux, leurs habits et la moitié de leurs terres, pourvu seulement qu'on les laissât libres, eux, leurs femmes et leurs enfants. Clotaire allait accepter ces conditions, lorsque les Francs s'y opposèrent : « Renoncez à votre projet, dit-il à ses guerriers, car il est injuste ; « si vous voulez continuer la guerre, je ne vous suivrai point. » A ces mots, les Francs, irrités, se jetèrent sur lui, l'accablèrent d'outrages, et menacèrent de le tuer s'il différait d'aller avec eux. Clotaire, voyant leur fureur, marcha contre les Saxons ; mais son armée fut taillée en pièces. Alors.il demanda la paix aux vainqueurs, leur disant qu'il était venu sur eux contre sa volonté, et il se retira dans ses États (1).

Sigebert, roi d'Austrasie, envahit la Saxe pour réprimer l'audace de Sigebard, qui s'érigeait en souverain, et refusait de payer le tribut. Charles Martel fit la guerre aux Saxons pendant plus de quinze ans, et remporta, en 722, une sanglante victoire sur Dieteric, leur chef. Pepin entreprit contre eux trois expéditions en dix ans, et leur imposa un tribut de trois cents chevaux, qu'ils devaient lui présenter dans l'assemblée générale des États.

(1) Grégoire de Tours, liv. iv, chap. 14.

Charlemagne, voulant mettre un terme aux révoltes et aux invasions des peuplades saxonnes, « alla chercher les Barbares chez eux pour en épuiser la source (1). »

Wittikind, le plus illustre de leurs chefs, mit à défendre sa patrie la même constance que l'empereur à la subjuguer; mais l'héroïsme des Saxons devait céder à l'inébranlable résolution des Francs de dompter le pays en exterminant ses habitants, ou de le civiliser en lui portant les lumières du christianisme. A mesure que Charlemagne s'avançait dans les forêts et les marécages de la Saxe, il faisait construire des forts qu'il garnissait de soldats, et partageait les terres entre les prêtres et les missionnaires. Enfin, après trente-trois ans de guerre, l'empereur, ayant forcé Wittikind à embrasser la religion chrétienne, fit enlever dix mille Saxons des bords de l'Elbe, avec leurs femmes et leurs enfants, et les répartit çà et là dans les Gaules. Pour combler les vides, on envoya à leur place des moines, des serfs, des artisans, qui effacèrent les traces de cette affreuse dévastation. Alors le pays étant ruiné, la moitié de la nation détruite, ses dieux regardés désormais comme impuissants, la guerre finit à condition que les Saxons embrasseraient le christianisme, qu'ils se réuniraient aux Francs, dont ils partageraient tous les droits, et qu'ils ne feraient plus avec eux qu'un seul peuple (2).

(1) Châteaubriand, Études historiques, t. iii.
(2) Eginhard, Vie de Charlemagne.

II

De la Saxe depuis la mort de Charlemagne jusqu'à l'avénement de la maison des comtes de Wettin, aujourd'hui maison royale de Saxe

Lorsque, après la mort de Charlemagne, les successeurs de ce prince laissèrent glisser entre leurs faibles mains les liens du faisceau impérial, la base de la confédération germanique fut posée par les peuples de la Franconie et de la Saxe, qui, après avoir été longtemps ennemis, s'unirent par l'amitié de leurs chefs, les ducs Othon et Conrad. A sa première formation, ce n'était qu'une ligue défensive des princes et des peuples des quatre provinces cis-rhénanes (les Allemands, les Bavarois, les Francs et les Saxons); mais elle ne tarda pas à s'agrandir et à prendre une consistance redoutable.

Tandis que le roi de France devenait féodalement le *premier d'entre ses pairs*, le sceptre des Césars, sorti de la maison de Charlemagne, fut conféré par élection à Conrad, duc de Franconie, et perdit avec l'hérédité le plus fort élément de sa puissance. Pour l'empereur, obligé, comme élu, d'accepter toutes les restrictions opposées à son autorité, gouverner ne devint plus qu'un simple devoir de maintenir la paix, de convoquer et présider la diète comme généralissime des peuples germaniques, et de donner en certain cas, avec la lance et l'étendard, l'investiture des duchés et des comtés aux barons allemands.

Cependant la couronne impériale brilla du plus grand éclat sous les trois Othon. Ces princes reprirent le projet conçu par

Charlemagne, de reconstituer le vaste empire des Césars, et l'aigle placée sur le palais d'Aix-la-Chapelle sembla retenir un instant dans ses puissantes serres le corps germanique, qui tendait à se désorganiser; mais cette dissolution fut seulement retardée. La guerre des investitures et celle des Guelfes et des Gibelins, sous les maisons de Saxe et de Hohenstaufen, arrêtèrent le dessein ambitieux des empereurs, et l'époque désastreuse de l'interrègne le fit avorter à jamais.

Ainsi, tandis que la dynastie Capétienne préparait en France le rétablissement du pouvoir royal par la réunion du comté de Paris au domaine de la couronne, et par la protection habile qu'elle accordait aux populations qui se groupaient autour d'elle aux cris de liberté et d'affranchissement communal, au delà du Rhin, le mouvement politique s'opérait en sens inverse, la puissance impériale se dissolvait, et les Guelfes, ses plus ardents adversaires, lui portaient le coup fatal, en se déclarant les protecteurs de l'indépendance des cités et des peuples.

Alors, à l'aide du désordre général, la féodalité héréditaire, en présence d'un chef électif, se constitua si fortement, que rien ne put désormais l'entamer. En vain les monarques allemands accordèrent au clergé de grandes principautés temporelles pour l'opposer aux ducs, les évêques firent cause commune avec les barons; et, sous les princes de la maison de Hapsbourg, l'empereur, trop faible pour lutter contre tous, ne fut plus que le premier des membres de la confédération germanique et le président électif de la diète.

Dès ce moment, la haute noblesse d'Allemagne, justement surnommée *noblesse libre* ou *souveraine*, grandit chaque jour à l'ombre de sa liberté féodale et devint une pépinière de rois; enfin ses rejetons, véritables autocrates dans leurs États, ayant obtenu au congrès de Vienne, en 1815, une dernière sanction de leur indépendance, sont maintenant les égaux des autres têtes couronnées de l'Europe.

Au nombre des plus puissants barons de l'empire, on compta dès les premiers temps les ducs de Saxe, dont la domination s'étendait, comme nous l'avons vu, sur le pays compris entre l'Oder, la Sala, l'Issel et la mer Germanique. Leur patrimoine, par ses vastes limites et par sa position centrale en Allemagne, les appelait à jouer un rôle important dans les affaires politiques qui suivirent le démembrement de l'empire de Charlemagne. En effet, cinq dynasties successives, illustrées par leurs alliances, leur politique habile et la série de grands princes qu'elles ont produits, ont gouverné la Saxe avec gloire et ont amené les diverses souverainetés formées de ses débris à prendre place parmi les États que le système politique de l'équilibre européen a fait reconnaître au congrès de Vienne.

La première maison de Saxe, qui a donné quatre empereurs d'Occident, descendait, suivant une généalogie fabuleuse, d'Hatteric, le plus ancien chef saxon dont parlent les annalistes du Moyen-Age. Il était, disent-ils, contemporain de Jésus-Christ, et il défit Borbista, roi des Goths, qui avait fait une irruption dans ses États. D'autres historiens donnent à cette famille une origine sinon plus authentique, du moins plus vraisemblable, et la rattachent à la race du célèbre Witikind. D'après leur opinion, ce héros eut deux fils : de Witikind II, le plus jeune, étaient issus Hugues Capet, chef de la troisième race des rois de France, et Conrad le Pieux, comte de Wettin, margrave de Misnie, dont descendent toutes les branches actuelles de la maison de Saxe (1). Vigbert, l'aîné, fut l'un des ancêtres de Ludolphe, dont le fils Othon, surnommé l'Illustre, devint le premier duc héréditaire de

(1) Les écrivains les moins hardis n'établissent cette origine commune des comtes de Misnie et de la maison de Saxe que par les femmes.

Saxe, et commença la filiation historiquement prouvée de la famille impériale des trois Othon.

Après la mort de l'empereur Arnoul, en 899, la couronne fut offerte à Othon l'Illustre, son gendre, qui la refusa à cause de sa grande vieillesse, et employa son influence à faire élire Conrad, comte de Franconie. Oubliant cette action généreuse, le nouvel empereur, qui craignait la grande puissance des ducs de Saxe, voulut leur enlever la Thuringe; mais le fils d'Othon, Henri Ier, surnommé l'Oiseleur, se fit justice par les armes et remporta plusieurs victoires sur les troupes impériales, dont il fut fait un grand carnage près de la ville d'Eresbourg. Cette rivalité sanglante n'empêcha pas Conrad de reconnaître les grands talents de son adversaire, et de le désigner, dit-on, avant sa mort, aux suffrages des électeurs. En effet, Henri Ier, nommé empereur à la diète de Fritzlar, en exerça la puissance sans jamais en prendre le titre. Sous son règne, le duché de Saxe jouit d'une grande prospérité. Henri fonda plusieurs villes, et pour les peupler il leur accorda des franchises et priviléges que quelques-unes de ces cités allemandes possèdent encore. Il fortifia ses frontières, favorisa les progrès de la civilisation, et fit changer presque entièrement la face et les mœurs de la Saxe.

C'est Henri l'Oiseleur qui créa les premiers chapitres de filles nobles. La guerre des Hongrois ayant décimé ses troupes, il rassembla dans plusieurs maisons toutes les filles d'officiers devenues orphelines et les soumit à la règle de saint Augustin. Ces religieuses ou chanoinesses n'étaient pas liées par des vœux perpétuels et conservaient la liberté de quitter le cloître et de se marier.

Othon le Grand, fils et successeur d'Henri Ier, distrait de l'administration de ses propres États par les guerres et les soins de l'empire, abandonna le duché de Saxe à l'un de ses principaux seigneurs, Herman Billung, dont il avait reçu de grands services. Sous cette nouvelle race , les annales des Saxons n'offrent qu'une lutte perpétuelle entre leurs princes et les empereurs. Magnus, cinquième descendant d'Herman, mourut sans enfants mâles en 1106, et fut le dernier duc de la maison de Billung.

Lothaire de Supplinbourg reçut alors de l'empereur Henri V l'investiture du duché de Saxe , qu'il gouverna pendant vingt ans avec prudence. Après son avénement au trône impérial , en 1125, il donna tous ses biens avec la main de sa fille à Henri le Superbe, duc de Bavière, qui commença la troisième dynastie des ducs de Saxe. Cette famille eut un règne d'une durée aussi courte qu'orageuse, et trouva dans la grandeur même de sa puissance la première cause de sa ruine. Henri le Superbe, trop altier pour obéir à un prince dont il s'était vu l'égal , ne voulut pas, après la mort de Lothaire , reconnaître l'élection de Conrad III de Hohenstaufen. Il refusa de rendre les ornements impériaux qu'il avait rapportés d'Italie, et prétendit qu'il avait été désigné lui-même par son beau-père pour lui succéder. Conrad fit mettre son compétiteur au ban de l'empire par la diète de Wurtzbourg, et adjugea ses États à plusieurs princes allemands. Henri, dépouillé de la Bavière en faveur de Léopold d'Autriche, se soutint avec peine dans la Saxe contre Albert l'Ours, margrave de Brandebourg, qui en avait reçu l'investiture des mains de l'empereur, et qui élevait des prétentions sur ce duché du chef de sa mère, fille de Magnus, dernier rejeton de la maison de Billung (1).

Cependant, après la mort de Conrad III, Henri le Lion fut rétabli par Frédéric Barberousse dans les vastes possessions dont son père, Henri le Superbe, avait été spolié. Il agrandit encore cet héritage par des conquêtes qu'il fit le long de la mer Baltique jus-

(1) Cette guerre fut le signal de la longue lutte des Guelfes et des Gibelins, qui dura jusqu'aux temps modernes, et qui changea plusieurs fois d'objet en conservant toujours son nom primitif

qu'à l'embouchure de la Vistule. La maison de Saxe-Bavière sembla reprendre un moment son éclat et sa puissance; mais sa rivalité était trop redoutable pour les empereurs, et l'Allemagne ne pouvait garder longtemps deux maîtres. Frédéric Barberousse, à l'occasion de quelques légers différends, cita Henri le Lion devant les diètes de Goslar et de Wurtzbourg, et le fit mettre par contumace au ban de l'empire. Les dépouilles du proscrit furent partagées entre les principaux seigneurs allemands : la Bavière fut donnée à la maison de Wittelsbach, qui l'avait déjà possédée; l'archevêque de Cologne eut Paderborn et la plus grande partie des duchés de Westphalie et d'Angrie; la Saxe elle-même fut démembrée. Henri le Lion ne conserva que ses biens allodiaux, qui, réunis aux provinces occidentales situées entre le Weser et l'Elbe, formèrent le duché de Brunswick (1). Bernard d'Ascanie ou d'Anhalt, fils d'Albert l'Ours, obtint la partie orientale et le cercle de Wittemberg, qui continuèrent à porter le nom de duché de Saxe.

Lorsque Bernard reçut l'investiture du duché de Saxe, il demanda, dit-on, à Frédéric Barberousse quelque marque qui fît distinguer ses armes de celles de ses frères. L'empereur était alors couronné d'un chapeau de rue à cause de la chaleur; il le prit et le lui jeta. Bernard, depuis ce temps, chargea ses armes de ce chapeau mis en bande, que les hérauts d'armes et les généalogistes appellent *couronne de rue*, ou *crancelin* (2).

Telle est l'origine donnée par plusieurs auteurs aux armes de la maison de Saxe. Elle porte encore aujourd'hui : *Fascé d'or et de sable de huit pièces, au crancelin de Sinople.*

(1) Pour apaiser la colère de Frédéric Barberousse, Henri fut obligé de s'expatrier pendant plusieurs années. Il se retira en Angleterre auprès du roi son beau-père, Henri Plantagenet. « Qui eût voulu croire alors, dit l'historien Schmidt, que la postérité de cet illustre banni (la maison de Brunswick) régnerait un jour sur le trône auprès duquel il avait cherché un asile? » La reine Vittoria est un rejeton de la branche cadette de cette famille.

(2) Le mot allemand *kranzlein*, diminutif de *krans*, signifie *petite couronne*.

Le règne des ducs de la race ascanienne fut encore plus désastreux pour la Saxe que celui de la maison de Bavière. Des partages successifs morcelèrent ce duché et lui firent perdre presque toute son importance.

Après la mort de l'empereur Henri VI, en 1198, les électeurs, réunis à Andernac, offrirent le trône au nouveau duc de Saxe ; mais Bernard eut la sagesse de refuser cette périlleuse élévation. Il laissa deux fils. HENRI, l'aîné, choisit le comté d'Anhalt pour sa part dans la succession paternelle (1) ; ALBERT Iᵉʳ, le plus jeune, hérita du duché de Saxe, qui fut encore démembré, après sa mort, entre ses enfants. Les pays situés sur les deux rives de l'Elbe, depuis Hambourg jusqu'à Dommitz, formèrent l'apanage de JEAN, son fils puîné, qui fut la tige des ducs de Saxe-Lawenbourg, dont la race s'est éteinte en 1689, et dont l'héritage, longtemps contesté, ayant été mis en séquestre entre les mains des électeurs de Hanovre, est, après une longue possession, devenu définitivement la propriété de ces princes.

ALBERT II, frère aîné de JEAN, eut en partage la Haute-Saxe et le cercle de Wittemberg, dont la capitale lui servit de résidence. L'empereur Rodolphe Iᵉʳ, son beau-père, détacha en sa faveur plusieurs parties de la succession de Henri l'Illustre, marquis de Misnie, et lui conféra, en 1288, l'investiture du palatinat de Saxe, avec le vicariat de l'empire. Quelques historiens regardent Albert II comme le premier électeur de sa race ; cependant ce titre ne fut réellement affecté à sa branche ducale que soixante ans plus tard, lorsque l'empereur Charles IV, par la fameuse bulle d'or, décida en faveur du fils d'Albert II le différend qui régnait à ce sujet entre les branches de Wittemberg et de Lawenbourg.

La ligne ascanienne des électeurs de Saxe s'éteignit par la mort

(1) C'est de lui que descendent les trois branches actuellement existantes de la maison de ce nom.

d'ALBERT III, en 1422. Leurs États étant devenus fiefs vacants de l'empire, Frédéric le Belliqueux, margrave de Misnie et landgrave de Thuringe, profita du besoin que l'empereur Sigismond avait de son appui dans la guerre contre les Hussites. Il se fit donner par ce prince l'investiture de l'électorat de Saxe avec le comté de Brena, le palatinat saxon, le burgraviat de Magdebourg, et la dignité de grand-maréchal de l'empire. La maison de MISNIE, en s'élevant à ce nouveau degré de fortune, changea son nom contre celui de SAXE. C'est elle qui, après s'être maintenue glorieusement pendant plusieurs siècles dans une haute position, possède maintenant par ses diverses branches un royaume et quatre souverainetés en Allemagne, et a vu, de nos jours, ses rejetons s'asseoir sur les trônes de Pologne, de Belgique, de Portugal et d'Angleterre, et sur les degrés de ceux de France et de Russie. Tant de puissance et d'illustration nous font un devoir de jeter nos regards en arrière, pour reprendre à son origine les annales de cette famille.

SUR

LA MAISON ROYALE DE SAXE

ET SUR SES BRANCHES DUCALES

DE WEIMAR, MEININGEN, ALTENBOURG ET SAXE-COBOURG-GOTHA,

DEPUIS

l'origine des comtes de Wettin jusqu'à nos jours.

———

Origine de la maison des comtes de Wettin ; elle devient margraviale de Misnie et de Thuringe.

PRÈS avoir quitté la jolie ville de Halle, située dans la Saxe Prussienne, si l'on suit les bords de la Sala, qui semble précipiter son cours pour joindre ses eaux à celles de l'Elbe, on aperçoit bientôt sur la rive droite une cité ancienne, mais peu considérable : c'est la petite ville de Wettin, qui renferme à peine trois mille âmes de population, et n'offre d'autre monument remarquable que l'antique château qui la domine. Elle mérite cependant l'attention du voyageur éclairé, car elle possédait au Moyen-Age une assez haute importance féodale par sa position sur les confins du duché de Saxe, du landgraviat de Thuringe et de la principauté d'Anhalt. Wettin, qui portait alors le titre orgueilleux de capitale d'un comté du même nom, peut revendiquer l'honneur d'avoir été le berceau et le premier apanage de la maison de Misnie, aujourd'hui maison de Saxe.

Les comtes de Wettin, suivant les annalistes allemands, étaient issus de Wittikind le Jeune, fils puîné du célèbre adversaire de Charlemagne, et avaient, d'après ce système, une origine commune avec l'ancienne maison impériale de Saxe. Mais ces généalogies, adoptées par Puffendorf, Hubener, Bucelin, et par un grand nombre d'autres écrivains, se perdent dans les ténèbres du Moyen-Age. Voici ce que la confusion des noms, l'obscurité des faits et la contradiction des annalistes permettent d'en extraire.

Henri l'Oiseleur, pour fortifier les frontières de Saxe et pour arrêter les incursions des Normands et des Slaves, construisit, vers 930, une ligne de forteresses et de châteaux sur le territoire des Sorabes nouvellement conquis. Il donna le gouvernement de ces places, avec les titres de margrave et de comte, aux principaux officiers de son armée. La Marche de Misnie, qui devait bientôt passer à la maison des comtes de Wettin, fut le partage de son cousin Gonthier, dont le fils, Eckard Ier, épousa Suanechilde, fille d'Herman Billung, duc de Saxe.

Vers le même temps, DÉDON Ier, puissant seigneur de la Thuringe, et parent de Gonthier, possédait la ville et le comté de Wettin. Il était de la race de Wittikind le Grand, selon les généalogistes allemands, qui établissent ainsi son ascendance :

DIETGREME, fils de Wittikind le Jeune, fut père de DITHMAR et aïeul de THIERRI. Ce dernier épousa Judith, et il eut de ce mariage Dédon Ier, mentionné ci-dessus. Thierri reçut des mains de l'empereur l'investiture du comté de Mersbourg, dont sa femme était l'unique héritière.

Dédon I⁰ʳ eut pour fils THÉODORIC I⁰ʳ, dont l'existence est à peine mentionnée par les chroniqueurs (1). C'est sans doute à cette époque qu'il faut placer la fondation du château de Wettin, dont les traditions du pays attribuent la construction primitive aux plus anciens seigneurs de ce comté.

DÉDON II, fils de Théodoric I⁰ʳ, commença à percer les ténèbres qui enveloppent le berceau de la maison de Misnie. Il fut continuellement en guerre avec les princes voisins, et s'attira l'amitié de l'empereur Othon III par le courage et les talents militaires qu'il déploya dans la lutte incessante que les barons allemands soutenaient contre les Slaves. L'an 1008, Wirinharius, seigneur saxon, ayant fait quelques incursions sur le territoire du comte de Wettin, Dédon prit les armes pour le repousser, et mit à feu et à sang la ville de Wolmerstaden, qui l'avait irrité par sa longue résistance. Cette cruauté lui coûta la vie ; car, trahi par la fortune, il tomba l'année suivante au pouvoir de ses ennemis, et fut condamné à mort.

THÉODORIC II, fils et successeur de Dédon, frappé de la fin tragique de son père, se distingua par sa piété et ses mœurs douces et pacifiques. Il épousa Mathilde, fille d'Eckard I⁰ʳ, margrave de Misnie, et laissa plusieurs enfants.

THIÉMON, l'aîné, hérita de la ville et du comté de Wettin. La chronique du Mont-Serein ou de Pétersberg, dont le témoignage donne seul quelque fondement à la généalogie des princes qui précèdent, se borne, pour Thiémon, à mentionner son mariage avec Ida, fille d'Othon, comte de Nordheim. De cette alliance naquirent deux enfants : DÉDON, qui ne laissa pas de postérité, et CONRAD LE PIEUX, comte de Wettin.

(1) Chronica Montis Sereni, 1170.

Conrad, prince ambitieux et turbulent, jeta, par ses intrigues, les fondements de la grandeur de sa famille. En 1103, Henri le Vieux, margrave de Misnie, oncle maternel du comte de Wettin, étant mort sans laisser d'enfants, Gertrude, sa veuve, déclara qu'elle était enceinte, et prit aussitôt l'administration provisoire de l'État. Mais Conrad prétendit que cette grossesse était un artifice pour le priver de la Misnie, et fit ensuite répandre le bruit que Gertrude était accouchée d'une fille, et lui avait substitué un enfant mâle, né d'une de ses domestiques. Il revendiqua donc le margraviat comme fief masculin ; mais il échoua dans ses intrigues, et Gertrude continua de gouverner la Misnie en qualité de tutrice de son fils, Henri le Posthume. Lorsque ce jeune prince fut en âge de porter les armes, il se rappela l'injure que lui avait faite son cousin Conrad le Pieux en calomniant sa naissance. Il lui déclara la guerre, et le poursuivit avec acharnement. Heldolfe, conseiller du comte de Wettin, étant tombé entre les mains du margrave, on lui coupa le nez et la langue, après lui avoir arraché les yeux. Conrad lui-même fut fait prisonnier, et enfermé dans le château de Kirchberg, où il resta plusieurs années étendu sur un lit de fer et soumis aux plus durs traitements (1).

Après la mort de Henri le Posthume, en 1123, le comte de Wettin, ayant corrompu ses gardes, s'échappa de sa prison, et réclama le margraviat de Misnie. L'empereur Henri V en avait déjà disposé comme d'un fief vacant, et l'avait partagé entre plusieurs barons du pays. Conrad ne se découragea pas, et, soutenu par le duc de Saxe, Lothaire de Supplinbourg, il parvint à triompher de tous ses compétiteurs. Vers le même temps, Dédon, frère aîné du comte de Wettin, fonda, près de Halle, l'abbaye de Mont-Serein ou de Pétersberg ; et, avant de l'avoir achevée, il prit la croix, et partit

______

(1) Et lecto ferreo in Kirchberg multisque malis oppressit. (Chronica Montis Sereni.)

pour la Palestine, laissant à Conrad le soin de mettre la dernière main à cette œuvre pieuse. La reconnaissance des moines de ce couvent s'est acquittée en sauvant de l'oubli les premières annales de la famille des comtes de Wettin.

Lothaire de Supplinbourg, parvenu à l'empire en 1125, continua de protéger Conrad, et lui donna le margraviat de la Basse-Lusace. Son successeur ajouta encore à ce bienfait par la donation du comté de Rochlitz, qui avait pour capitale une petite ville du même nom, située sur la Molda, à sept lieues de Leipsick. Le comte de Wettin accompagna l'empereur à la croisade, en 1147, et fit, neuf ans après, un second pèlerinage en Palestine. A son retour, il entra au monastère du Mont-Serein, où il mourut l'année suivante. Les biens du margrave furent partagés entre ses cinq fils; mais, par l'extinction prématurée des lignes collatérales, la plupart de ces apanages revinrent à la tige principale, celle de Misnie. Cependant le comté de Brena en resta détaché jusqu'en 1423, sous Frédéric le Belliqueux, et celui de Wettin passa à l'archevêché de Magdebourg.

Othon le Riche, fils aîné de Conrad le Pieux, lui succéda au margraviat de Misnie, et continua la souche de sa maison. Les revenus considérables qu'il retira de l'exploitation des mines d'argent de Freyberg, dont il avait fait la découverte, lui valurent le surnom de Riche, et furent un des plus forts éléments de la grandeur toujours croissante de ses successeurs. L'opulence lui enfla le cœur, et son ambition se trouvant trop à l'étroit dans la Misnie, il acheta plusieurs domaines enclavés en Thuringe, et y éleva des forteresses d'où il faisait des excursions dans tout le pays. Le landgrave usa de représailles, fit Othon prisonnier, et l'emmena au château de Wartbourg, près d'Eisenach. Après une longue captivité, le margrave de Misnie fut contraint d'implorer la médiation de Frédéric Barberousse, et d'abandonner, pour prix de sa liberté.

les forteresses qu'il avait fait construire. La vieillesse d'Othon fut cruellement troublée par les révoltes de son fils aîné, Albert le Superbe. Il lui avait d'abord donné par testament la Misnie en partage, réservant à Thierri, le plus jeune, le comté de Weissenfels et plusieurs autres petits fiefs; mais, à l'instigation de sa femme Hedwige, il révoqua ses premières dispositions pour leur en substituer d'autres totalement contraires. Albert le Superbe, mécontent de se voir réduit à sa part d'hérédité, se souleva contre son père, et le jeta en prison. Le malheureux vieillard, pour obtenir son élargissement, fut obligé de souscrire à des conditions si onéreuses, qu'il refusa ensuite de les accomplir, et la guerre éclata de nouveau avec acharnement entre le margrave et son fils. Mais l'empereur Henri VI, alors roi des Romains, les fit venir à la diète de Wurtzbourg, en 1189, et les réconcilia. Othon mourut quelques mois après, et fut inhumé dans l'église cistercienne de Celle, qu'il avait fondée. On y voit encore son tombeau et celui de sa femme Hedwige, fille d'Albert l'Ours, margrave de Brandebourg.

L'héritage d'OTHON ralluma la guerre entre ses deux fils. ALBERT LE SUPERBE gagna son frère de vitesse, et se mit en possession du margraviat et des trésors paternels. THIERRI, après avoir fait plusieurs tentatives infructueuses pour rentrer à main armée en Misnie, fut obligé de s'éloigner de sa patrie, et passa en Palestine, où il resta jusqu'à la nouvelle de la mort d'Albert, en 1195. Il prit aussitôt le titre de margrave, et fit ses préparatifs pour revenir en Allemagne. Mais l'empereur Henri VI, qui convoitait la riche succession d'Othon, envoya des ordres en Orient pour arrêter Thierri, et s'adjugea à lui-même la Misnie comme fief vacant. Le margrave, pour échapper à ses ennemis, se cacha dans un coffre, et se fit porter clandestinement sur le vaisseau qui devait le ramener en Europe. Malgré son heureux et prompt retour, il ne put se mettre en possession de la Misnie qu'après la mort de l'em-

pereur Henri VI, en 1197. Othon IV, pour réparer l'injustice de
son prédécesseur, se déclara en toutes circonstances le protecteur
de Thierri. Il le gratifia, en 1210, de la Lusace-Inférieure, dont le
dernier margrave, petit-fils de Conrad le Pieux, venait de mourir
sans postérité. Cependant les longues infortunes de Thierri, qui
lui valurent le surnom d'Exilé ou d'Affligé (1), avaient aigri son caractère. Sa sévérité lui aliéna les cœurs, et les nobles de la Misnie
prirent les armes pour s'opposer aux atteintes qu'il portait à leurs
priviléges. Cette révolte, facilement comprimée et cruellement
punie, accrut encore le nombre des ennemis du margrave. Il mourut en 1221, empoisonné, dit-on, par son médecin, et victime d'un
complot tramé par ses principaux seigneurs. Thierri l'Exilé avait
épousé Judith, fille du landgrave de Thuringe, dont il laissa un
fils :

Henri l'Illustre, margrave de Misnie et de Lusace, était doué
d'une humeur belliqueuse alliée à la plus grande douceur de
mœurs. Il soutint, au nom de l'empire, une guerre sanglante
contre les Prussiens encore idolâtres, et remporta sur eux des victoires décisives qui entraînèrent leur soumission. L'an 1247,
Henri Raspon, landgrave de Thuringe et palatin de Saxe, son
oncle maternel, étant mort sans enfant mâle, le margrave de
Misnie fut pourvu de sa succession par l'empereur Frédéric II,
qui lui en avait assuré l'expectative cinq ans auparavant. Mais Sophie, duchesse de Brabant et nièce du dernier landgrave, soutenue
par le duc de Brunswick, fit valoir aussi des prétentions sur l'héritage de son oncle. Après une longue guerre, mêlée de revers et
de succès, Henri l'Illustre abandonna la Hesse à sa cousine, et
resta paisible possesseur de la Thuringe et du palatinat de Saxe.
Les richesses immenses qu'il tira de l'exploitation des mines de

____

(1) Exul aut afflictus (*Chronica Montis Sereni.*)

Freyberg le rendirent un des plus opulents princes de l'Europe, et lui permirent de satisfaire sa passion pour la magnificence. Sa cour offrait un luxe inconnu, même chez les grands souverains de l'époque. Les chansons des trouvères de Souabe célébrèrent la valeur et la générosité de Henri l'Illustre, qui donna plusieurs tournois splendides, où furent convoqués les principaux comtes et barons de l'empire. Dans celui de Nordhausen, il fit planter, dit-on, au milieu de la forêt, un arbre artificiel d'or et d'argent; le vainqueur au combat de la lance recevait une feuille d'argent, et l'on en donnait une d'or à celui qui, sans être désarçonné, avait renversé son adversaire. Henri ne se contenta pas de protéger les ménestrels allemands, il cultiva lui-même la poésie, et laissa plusieurs chansons qui témoignaient de son amour et de son goût pour la littérature. Une de ces pièces de vers, renfermant seize strophes, est conservée dans un manuscrit de la Bibliothèque Royale de Paris (1). C'est une composition pleine de verve et d'élégance, et qui décèle un véritable talent poétique.

En 1263, Henri l'Illustre, accablé par l'âge et fatigué des grandeurs, se dépouilla de ses États en faveur de ses trois enfants, et ne conserva que quelques villes pour sa résidence. Il donna la Thuringe et le palatinat de Saxe à l'aîné, Albert le Dénaturé; Dresde et une partie de la Misnie à Frédéric, le plus jeune; et enfin le pays d'Osterland à Thierri, son second fils, dont l'héritage retourna quelques années après aux deux autres. Henri l'Illustre mourut en 1288, après avoir été le triste témoin des guerres intestines auxquelles ce partage et l'ambition de ses fils avaient donné naissance.

ALBERT LE DÉNATURÉ sembla prendre à tâche de faire oublier par

______

(1) Ancien fonds, n° 7266. Cette pièce, imprimée déjà plusieurs fois, vient d'être insérée dans le recueil des Minnesingers, publié à Leipsick par M. Von der Hagen, un vol. in-4°, 1838.

ses crimes les vertus de son père. Marguerite, sa première femme,
fille de l'empereur Frédéric II, n'échappa que par miracle à ses con-
tinuelles embûches. Une nuit, pour se soustraire au fer des assassins,
cette princesse fut obligée d'abandonner ses jeunes enfants, et de
descendre par une corde du haut du château de Wartbourg. Albert
fit retomber sur les fils la haine qu'il portait à la mère; il n'épargna
même pas ses propres intérêts pour leur nuire. Ne pouvant les
déshériter en faveur d'Apicius, qu'il avait eu d'une concubine, il
vendit son landgraviat à l'empereur Adolphe de Nassau. Les Thu-
ringiens, outrés des crimes de leur prince, se révoltèrent contre
cette cession déshonorante, et mirent à leur tête Frédéric, fils
aîné d'Albert. Le landgrave fut fait deux fois prisonnier, et fut contraint de renoncer à ses États pour recouvrer la liberté; il se retira à Erfurt, où il mourut de misère en 1314.

Frédéric Ier, landgrave de Thuringe, fut surnommé le Mordu,
parce que Marguerite, sa mère, dans la précipitation et le délire
des adieux du château de Wartbourg, le mordit à la joue et lui
fit une grande plaie. Après la déposition de son père, il eut une
longue guerre à soutenir contre l'empereur Adolphe, qui récla-
mait la Thuringe, et contre son successeur, Albert d'Autriche.
En 1307, pendant les matines de Noël, les gens de Philippe, comte
de Nassau, assassinèrent, sous ses yeux, Thierri, son frère puîné,
et lui-même n'eut que le temps de se dérober à leurs coups par la
fuite. Il reprit les armes pour venger cette odieuse trahison, et
remporta sur les troupes impériales une victoire signalée à Lucka.
Le fruit qu'il en retira fut la conquête des villes d'Altenbourg, de
Zwickau, de Chemnitz et de tout le pays contigu à la Pleisse. Son
oncle Frédéric, frère d'Albert le Dénaturé, étant mort sans enfants, en 1316, il recueillit les pays de la Lusace et de la Misnie,
qui lui avaient été donnés en apanage. Enfin, par l'union qu'il
contracta en secondes noces avec Élisabeth, fille d'Agnès, com-

tesse d'Arnsberg, le landgrave agrandit encore ses États, en y incorporant le comté d'Arnshaug, qui comprenait, entre autres dépendances, Neustadt et une partie de la ville d'Iéna. De ses deux fils, Frédéric le Boiteux, qu'il avait eu du premier lit, ayant été tué en 1315, au siége de Zwenca, et n'ayant pas laissé de postérité, le plus jeune fut appelé à recueillir seul ce vaste héritage.

FRÉDÉRIC LE SÉRIEUX, deuxième du nom, fils de Frédéric le Mordu et d'Élisabeth d'Arnsberg, succéda à son père, en 1325, dans le landgraviat de Thuringe et dans les margraviats de Lusace et de Misnie. Il fit l'acquisition de l'autre moitié d'Iéna, et arracha aux comtes de Weimar la cession de Treffort, d'Orlamonde et l'expectative de tout le reste de leur comté. En 1348, après la mort de Louis de Bavière, une partie des électeurs lui décernèrent la couronne impériale pour l'opposer à Charles IV; mais Frédéric le Sérieux eut la modération de refuser cette offre, pour mettre fin aux dissensions qui déchiraient l'empire. Il mourut l'année suivante, laissant de Mathilde, fille de Louis de Bavière, neuf enfants. dont cinq fils : Louis, le plus jeune, devint électeur de Mayence ; Sigismond, le quatrième, fut évêque de Mersbourg.

FRÉDÉRIC LE VAILLANT, BALTHASAR et GUILLAUME succédèrent à leur père Frédéric le Sérieux dans tous ses domaines, et régnèrent en commun depuis 1349 jusqu'en 1376. Ils acquirent successivement Ronnebourg, Weida, la suzeraineté d'Arnstadt et la seigneurie de Landsberg. Le duc de Brunswick ayant fait irruption sur les terres de Misnie en 1361, Frédéric le Vaillant, qui, comme l'aîné, gouvernait au nom de ses frères, somma l'agresseur de se retirer : « Je suis le maître du pays, répondit l'orgueilleux duc, et « je m'y maintiendrai, quand même il pleuvrait des margraves. » L'événement rendit ces menaces ridicules, et le duc de Brunswick, repoussé et battu par les trois margraves, demanda humblement la paix. Quelques années plus tard, il prit sa revanche, et fit tomber les troupes des confédérés dans une embuscade; elles furent forcées de se rendre à discrétion et de payer une rançon considérable.

Après être restés vingt-sept ans dans l'indivision et avoir vécu dans la plus admirable intelligence, les trois fils de Frédéric le Sérieux firent le partage de leurs domaines : Balthasar, le puîné, eut la Thuringe; Guillaume, le plus jeune, eut la Basse-Misnie avec la principauté d'Altenbourg; mais il mourut, en 1410, sans laisser d'héritiers, de sorte qu'à l'exception de quelques terres léguées aux burgraves Jean et Frédéric de Nuremberg, fils d'une de ses sœurs, tout son héritage passa aux deux autres lignes. Frédéric le Vaillant eut le margraviat de Misnie, et par son mariage avec Catherine, fille du comte de Henneberg, il y joignit la moitié de la seigneurie de Cobourg, dont Balthasar acquit l'autre partie comme dot de Marguerite, sœur et cohéritière de Catherine. Cette double alliance fit entrer dans la maison de Misnie presque toutes les terres qui forment aujourd'hui le patrimoine des diverses branches de la ligne Ernestine de Saxe.

Frédéric le Vaillant étant mort en 1380, ses trois fils, Georges, Frédéric le Belliqueux et Guillaume le Riche, gouvernèrent en commun la maison de Misnie. Avec les trésors des mines de Freyberg, ils achetèrent le pays de Saalfed et le bailliage de Kœnisberg. Georges mourut à Cobourg, en 1401, sans laisser de postérité. Ses deux frères continuèrent à vivre dans la plus parfaite union, et rendirent de grands services à l'empereur Sigismond, en guerre avec les Hussites.

Wenceslas, roi de Bohême, par ses vices et par ses cruautés, avait révolté ses sujets, et l'irritation, bien plus encore que l'esprit novateur, leur avait fait embrasser la doctrine de Jean Wiclef; la noblesse elle-même s'était déclarée pour les sectaires. Sur ces entrefaites, l'exécution de Jean Hus et de Jérôme de Prague, brûlés vifs et considérés comme des martyrs par leurs prosélytes, acheva d'exaspérer les esprits. Les Bohémiens coururent aux armes, et portèrent le carnage et l'épouvante en Allemagne, pillant les églises, massacrant les religieuses, les moines et les prêtres. Aucune armée n'osa tenir la campagne contre ces furieux.

Alors, sous la conduite de Jean Ziska, surnommé le Borgne parce qu'il perdit un œil dans un combat, les Hussites, au nombre de quarante mille, se retranchèrent sur une montagne, et y jetèrent les fondements d'une ville qui prit le nom de Tabor, c'est-à-dire, en langue bohémienne, *camp fortifié*. Ils s'emparèrent ensuite de Prague, et précipitèrent par les fenêtres du palais les sénateurs, que le peuple reçut sur les pointes des lances et des fourches. A la nouvelle de ce massacre, Wenceslas meurt frappé d'une attaque d'apoplexie; Sigismond, son frère, lui succède au royaume de Bohême, et prêche la croisade contre les hérétiques; Frédéric le Belliqueux vole au secours de l'empereur, arrête les progrès des Hussites, et remporte sur eux une victoire à Brixen, en 1421.

La maison de Wettin hérite de l'électorat et du duché de Saxe.

Le dernier électeur de Saxe de la ligne Ascanienne, ALBERT III, étant mort l'année suivante sans laisser d'héritier direct, Sigismond, pour récompenser Frédéric de Misnie, le gratifia du duché et de l'électorat vacants, par préférence à ses compétiteurs, le comte palatin du Rhin, le margrave de Brandebourg et le duc de Saxe-Lawenbourg. Frédéric soutint d'abord ses droits les armes à la main; mais son puissant adversaire, l'électeur de Brandebourg, s'empara du cercle de Wittemberg, et n'abandonna qu'à prix d'argent ses conquêtes et ses prétentions. Le comte palatin et le duc de Saxe n'osèrent même pas essayer de lutter contre le protégé de l'empereur Sigismond.

FRÉDÉRIC LE BELLIQUEUX, margrave de Misnie, devenu paisible possesseur de l'électorat de Saxe, en reçoit l'investiture à Bude en Hongrie, le 1er avril 1423, et le même jour son frère Guillaume meurt sans laisser de postérité. Il ne reste plus alors que deux rejetons de la maison de Misnie (1) : le margrave Frédéric, qui continue la descendance de la branche aînée, désormais appelée maison de Saxe, et son cousin, le landgrave de Thuringe, dont la race devait s'éteindre quelques années après, en 1439. Le nouvel électeur de Saxe, pour témoigner à l'empereur sa reconnaissance, marcha contre les Hussites et fit le siége de Mysa, ville de Bohême sur les frontières du Haut-Palatinat. Ziska venait de mourir de la peste, et avait ordonné, à ses derniers moments, qu'on l'écorchât pour faire un tambour avec sa peau; « car le son qu'elle ren-« drait, disait-il, suffirait pour effrayer et mettre en fuite les enne-mis. » Cette ridicule fanfaronnade se vérifie, et à l'approche de Procope le Rusé, qui volait au secours de Mysa, l'armée saxonne est saisie d'une terreur panique, se débande malgré la voix de son chef, et se laisse tailler en pièces sans opposer de résistance. Frédéric le Belliqueux voit les Hussites pénétrer sur ses traces dans la Misnie, et mettre tout le pays à feu et à sang. Il ne survécut guère à ces désastres, et mourut accablé de douleurs le 4 janvier 1428. C'est à ce prince, zélé protecteur des sciences et des lettres, qu'appartient l'honneur de la fondation de l'Université de Leipsick, en 1409.

FRÉDÉRIC LE BON, SIGISMOND, HENRI et GUILLAUME, succédèrent d'abord en commun à leur père Frédéric le Belliqueux. La mort prématurée de Henri, et l'entrée dans les ordres sacrés de Sigis-

---

(1) A la même époque, Frédéric, simple burgrave de Nuremberg, achetait le margraviat de Brandebourg, et devenait la tige de la maison royale de Prusse.

mond, qui devint évêque de Wurtzbourg, réduisirent à deux le nombre des héritiers de l'électeur de Saxe. Frédéric le Bon et Guillaume continuèrent encore à vivre dans ce parfait accord, dont on trouverait si difficilement des exemples hors de la maison de Misnie, qui nous en a déjà plusieurs fois offert.

Cependant la succession de leur cousin, Frédéric le Pacifique, landgrave de Thuringe, troubla, en 1440, l'union fraternelle. Guillaume se prétendit lésé par le partage fait à Altenbourg, et il en appela à son épée. La guerre fut longue et désastreuse; elle se termina par le traité conclu à la conférence de Naumbourg, le 27 janvier 1451. La Thuringe fut adjugée à Guillaume, et la Misnie à Frédéric, qui, comme aîné, possédait déjà l'électorat de Saxe. Dans cette même assemblée, la maison de Saxe fit avec celle de Brandebourg un pacte de défense réciproque et de confraternité héréditaire de succession, auquel le landgrave de Hesse adhéra six ans après. Que de sang, dans cette lutte entre les deux frères, fut inutilement versé! Guillaume devait mourir quelques années plus tard, laissant son héritage à ses neveux.

Frédéric le Bon, huitième descendant de Conrad le Pieux, comte de Wettin, resta ainsi le chef de toute la maison de Saxe et le possesseur de la Misnie et de l'électorat. Ses deux fils, Ernest et Albert, furent les fondateurs des deux lignes principales qui règnent encore sous les noms de branche Ernestine et de branche Albertine; mais un événement faillit couper dans ses racines l'arbre puissant qui devait couvrir un jour l'Allemagne et l'Europe presque entière de ses ramifications.

Kunz de Kaufungen, bailli d'Altenbourg, s'était montré, dans la guerre de la succession de Saxe, le plus zélé partisan de Frédéric le Bon, et avait tout sacrifié à la défense de sa cause. Pour récompenser un tel dévouement, l'électeur lui avait abandonné les biens confisqués sur plusieurs gentilshommes attachés à Guillaume, avec

réserve de les rendre, à la fin des hostilités, à leurs légitimes pro-
priétaires. La paix de Naumbourg ayant été conclue, Kaufungen,
sommé de remplir cette condition, refusa de s'y soumettre, et il
fallut employer la force pour le déposséder. Le gentilhomme re-
garda cette violence comme un abus d'autorité, et se répandit
en injures contre son bienfaiteur. S'étant attiré un juste exil, il
se retira en Bohême et y acheta le château d'Isemberg, où il
accueillit tous les mécontents, en attendant l'occasion favorable de
se venger.

Sur ces entrefaites, Frédéric le Bon ayant entrepris un voyage
à Leipsick, Kaufungen, à la tête de trente-six cavaliers, vint, dans
la nuit du 7 juillet 1455, devant le château d'Altenbourg, escalada
les murailles, et pénétra dans l'appartement où reposaient les deux
fils de l'électeur. Il les emmena prisonniers, et après avoir confié
Ernest, l'aîné, à Guillaume de Mosen, un de ses complices, il
reprit avec Albert le chemin de la Bohême. La crainte d'être pour-
suivi l'engagea à s'enfoncer dans les bois, et déjà il touchait à la
frontière, lorsqu'ayant envoyé ses cavaliers en avant comme
éclaireurs, il ralentit sa marche, et s'amusa, pour consoler le jeune
Albert, à cueillir des fleurs et des fruits sauvages. Un charbonnier
lui demanda où il menait cet enfant : « A son père, » répondit-il.
Mais ayant reconnu le fils de son prince, l'honnête paysan saisit
Kaufungen, le désarma, et, secouru par quelques bûcherons, il
le conduisit à l'abbaye de Grunhayn. On le transféra le lendemain
à Preyberg, où il fut condamné à mort et exécuté. Guillaume de
Mosen évita le même sort en renvoyant Ernest à son père. Le
courageux charbonnier obtint une pension pour lui et ses des-
cendants, avec le droit de couper du bois à discrétion dans la
forêt où il avait arraché Albert des mains du ravisseur.

Après la mort de Frédéric le Bon, en 1464, ses deux fils, Ernest et Albert, lui succédèrent en commun, et cette indivision

se prolongea même encore lorsqu'ils eurent hérité des domaines de leur cousin Guillaume III. landgrave de Thuringe, qui mourut à Weimar en 1482. Enfin, un partage eut lieu à Leipsick le 26 août 1485. Ernest, outre l'électorat de Saxe, qu'il préleva par droit d'aînesse, eut la Thuringe, le Vogtland et le district de Cobourg ; son frère obtint la Misnie.

LIGNE ALBERTINE.

La branche puînée, dite Albertine, investie de l'électorat de Saxe, au préjudice de son aînée, devient maison royale de Pologne et de Saxe.

La branche Albertine, comme cadette, semblait devoir être appelée à de moins hautes destinées que sa sœur. Son premier représentant en effet, Henri le Pieux, fils d'Albert, ne se fit remarquer que par une excessive dévotion. Après avoir entrepris plusieurs pèlerinages à Saint-Jacques-de-Compostelle et jusqu'en Terre-Sainte, il embrassa le luthéranisme, et l'introduisit dans son duché de Saxe. Mais, par leur habileté politique et par leurs talents militaires, les successeurs de ce prince triomphèrent de l'inégalité de fortune qu'ils devaient à leur naissance.

L'empereur Charles-Quint donna la prépondérance à la ligne Albertine en lui transportant la dignité électorale en faveur de Maurice et d'Auguste, fils de Henri le Pieux. La succession des comtes de Henneberg, recueillie en 1583, et le don de la Lusace, confirmé par la paix de Westphalie, accrurent encore la supériorité de cette ligne.

Après la mort de l'électeur Jean-Georges Ier, petit-fils d'Auguste, en 1656, la branche Albertine se partagea en quatre rameaux ; mais ceux de Weissenfels, de Mersbourg et de Zeitz s'éteignirent durant le siècle suivant, et il ne resta que la souche principale que possédait l'électorat.

Jean-Georges Ier fut le bisaïeul de Frédéric-Auguste, qui éleva la race Albertine au premier rang des maisons souveraines. La trève de Ratisbonne ayant été rompue en 1687, Frédéric-Auguste fit ses premières armes contre la France, sur les bords du Rhin. Devenu électeur de Saxe par la mort de son frère aîné, Jean-Georges IV, il prit le commandement de l'armée impériale destinée à repousser l'invasion des Turcs. Après quelques légers avantages, il revint en Saxe consacrer ses trésors et ses troupes à s'assurer le trône de Pologne, que se disputaient plusieurs compétiteurs. Auguste, ayant abjuré le luthéranisme, est élu à la diète de 1697, et entre en Pologne à la tête de dix mille Saxons. La corruption et l'effroi font triompher l'électeur; il est solennellement couronné à Cracovie, au préjudice du fils de Jean Sobieski. Il ne resta pas longtemps paisible possesseur du trône. Charles XII ayant franchi la Baltique et battu Pierre le Grand à Narva, Auguste, allié du czar, eut à se défendre tout à la fois contre l'insubordination polonaise et contre la bravoure du héros suédois. Il succomba dans cette lutte trop inégale ; et, vaincu sous les murs de Cracovie, il céda un instant la couronne à Stanislas Leczinski. La défaite de Charles XII à Pultawa rétablit les affaires d'Auguste, qui ressaisit le sceptre de Pologne et le garda jusqu'à sa mort, en 1733. Ce prince, par une bizarre alliance, joignait des sentiments généreux à des habitudes despotiques, le goût des plaisirs aux soucis de l'ambition, et l'inquiétude d'une humeur guerrière à la mollesse d'une vie voluptueuse. Cependant il sut se faire aimer de ses sujets et soutenir avec dignité l'éclat de sa couronne.

Frédéric-Auguste II, son fils, hérita sans opposition de l'électorat de Saxe; mais Stanislas Leczinski, soutenu par Louis XV, lui disputa le trône de Pologne. Après trois ans de dissensions et de guerres intestines. Auguste fut universellement reconnu à la diète de pacification, ouverte à Varsovie. Le subit accroissement de la puissance prussienne ayant alarmé l'Allemagne, le roi de Pologne, comme électeur de Saxe, forma une ligue avec la Hongrie et l'Autriche. Mais le grand Frédéric triomphe de ses adversaires, taille en pièces l'armée des confédérés sous les murs de Dresde, et s'empare de toute la Saxe, qu'il rend, quelques jours après, par un traité de paix définitif.

Auguste fut dépouillé une seconde fois de son électorat dans le cours de la guerre de Sept Ans, et il ne le recouvra qu'à la paix de 1763, quelques mois avant sa mort. Il laissa plusieurs enfants : 1° l'aîné, Frédéric-Christian-Léopold, électeur de Saxe, ne régna que soixante-douze jours, et laissa pour successeur son fils Frédéric-Auguste III; 2° Marie-Josèphe de Saxe fut mariée à Louis, dauphin de France, le 9 février 1747, et devint mère de Louis XVI, Louis XVIII et Charles X (1); 3° Albert, duc de Saxe Teschen, épousa la sœur de l'infortunée Marie-Antoinette; il était gouverneur des Pays-Bas autrichiens, lorsqu'un soulèvement y éclata en 1789, et le força de se retirer un instant à Vienne. L'autorité impériale ayant été promptement rétablie, Albert revint à Bruxelles, et commanda le faible corps de troupes qui tenta le bombardement de Lille. Les révolutionnaires français l'accusèrent d'avoir ravagé les campagnes, et osèrent mettre sa tête à prix. La calomnie s'attacha également à sa femme, l'archiduchesse Christine, et, pour la rendre odieuse, on prétendit qu'elle mettait elle-même le feu aux mortiers dans les tranchées de Lille; et cependant elle ne quitta pas Bruxelles. Les diversions tentées par le duc de Saxe-Teschen pour sauver son neveu Louis XVI et sa belle-sœur Marie-Antoinette, furent complétement infructueuses. La conquête de la

(1) C'est en mémoire de cette alliance que nous donnons les armes de France *pleines*, dans la seconde planche.

Belgique par les armées françaises l'obligea de se retirer en Autriche. Dès lors, il ne s'occupa plus que de la culture des arts, pour
lesquels il avait toujours montré un goût remarquable, et il mania
fort habilement le crayon et le burin. C'est d'après ses dessins et
sous sa direction que fut construit le magnifique palais de Lae-
ken, près de Bruxelles. Il mourut en 1822, à l'âge de quatre-vingt-
quatre ans. On sait que le mausolée de l'archiduchesse Christine,
à Vienne, est un des plus beaux chefs-d'œuvre de Canova.

FRÉDÉRIC-AUGUSTE III, fils de Christian-Léopold et neveu du
duc de Saxe-Teschen, accéda, en 1793, comme électeur de Saxe,
à la neutralité armée, et s'y montra fidèle jusqu'en 1806. La brillante
campagne d'Austerlitz ayant entraîné la soumission de presque toute l'Allemagne, l'empereur Napoléon, pour s'attacher les
Saxons, érigea leur électorat en royaume, et y incorpora la Pologne prussienne, sous le titre de grand-duché de Varsovie. En 1809,
il y ajouta encore la Gallicie et plusieurs provinces cédées par l'Autriche. Le congrès de Vienne enleva au royaume de Saxe plus d'un
tiers de son territoire : la Pologne, les cercles de Wittemberg, de
Thuringe et de Misnie, la Lusace et les enclaves du comté de
Henneberg. C'était la récompense de la courageuse fidélité des
Saxons à la cause de Napoléon, après les désastres de Moscou.
Le royaume de Saxe renferme aujourd'hui une population de plus
de 1,200,000 âmes, et possède, pour villes principales, Leipsick
et Dresde, résidence du roi.

Frédéric-Auguste III étant mort le 5 mai 1827, ANTOINE, son
frère, lui succéda, et mourut le 6 juin 1836, laissant pour héritier son neveu FRÉDÉRIC-AUGUSTE, actuellement régnant. Ce prince
descend, au onzième degré, d'Albert, chef de cette branche royale,
et au vingtième degré de Conrad le Pieux, comte de Wettin. Le roi
de Saxe possède quatre voix à l'assemblée générale de la diète.

LIGNE ERNESTINE.

La Ligne Ernestine est privée de l'électorat en faveur de la ligne cadette; elle forme ces deux branches ducales de Saxe-Weimar et de Saxe-Gotha.

Par le partage fait à Leipsick en 1485, ERNEST, frère aîné d'Albert et chef de toutes les branches ducales actuelles, était resté en possession de l'électorat. Ce prince sut à la fois se faire respecter de ses voisins par sa bravoure, et aimer de ses sujets par la douceur de son administration. Choisi pour médiateur entre les rois de Pologne, de Hongrie et de Bohême, il fit cesser leurs divisions, et contribua puissamment à rendre la paix à l'Allemagne. En 1475, il réduisit la ville de Quedlimbourg, qui s'était révoltée contre son abbesse, et, deux ans après, il força la cité de Halle à reconnaître la suzeraineté de l'archevêque de Magdebourg. Ernest employa les loisirs de la paix à faire de sages règlements sur les monnaies et sur la police des chemins. Il défendit, par une ordonnance de 1482, aux gentilshommes saxons d'exercer le négoce. Cette mesure politique avait le double avantage d'entretenir la noblesse dans le goût des armes et de laisser aux classes inférieures les moyens de s'affranchir de l'état de misère où elles étaient réduites. Elle n'a pas été sans doute sans influence sur la prospérité toujours croissante du commerce de Saxe et de la foire de Leipsick.

FRÉDÉRIC III, dit le SAGE, fils aîné d'Ernest, lui succéda dans la dignité électorale, et devint, sous Maximilien Ier, chef du conseil et gouverneur-général de l'empire. C'était un hommage rendu moins encore à ses talents qu'à la probité généreuse dont il avait donné des preuves, et qui fut toujours l'apanage de sa maison. Il fonda, en 1502, l'université de Wittemberg, où, quelques années après, Martin Luther, fils d'un ouvrier mineur du comté de Mansfeld, obtint une chaire de théologie. Frédéric, charmé de l'éloquence du jeune professeur, lui accorda sa puissante protection. Luther était un de ces hommes au génie impatient, aux passions fortes, qui se croiraient captifs dans les liens d'une condition ordinaire, et qui appellent les convulsions politiques, parce que leur voix est alors entendue des peuples, dont elle soulève et dirige le courroux.

Il attaque d'abord plusieurs points de la doctrine catholique, et, enhardi par l'appui de l'électeur de Saxe, il refuse de se rétracter et en appelle du légat au pape, du pape à un concile général. Condamné par Léon X, il use de représailles, et brûle solennellement, sur la place de Wittemberg, la bulle qui le frappait d'anathème. Cependant Charles-Quint le somme de comparaître à la diète de Worms, et l'y fait mettre au ban de l'empire. Frédéric le Sage tremble pour le sort de Luther et pour l'avenir de son université chérie, dont le moine hérétique était le plus bel ornement et le plus ferme soutien. Sur un ordre secret de l'électeur, Luther est enlevé dans sa fuite par des cavaliers masqués, et conduit au château de Wartbourg, près d'Eisenach, où il trouve à la fois une prison et un abri contre les violences de ses ennemis. Du fond de cette retraite, il inonde l'Allemagne d'une foule de pamphlets imprégnés d'une éloquence amère, qui stimule toutes les intelligences, flatte tous les intérêts, enflamme toutes les passions. Des fanatiques, connus sous le nom d'anabaptistes, arrivent, par une interprétation forcée de la doctrine de Luther, aux principes les plus subversifs de tout ordre social. A leur voix, les paysans de la Souabe et de la Thuringe se soulèvent. Frédéric le Sage, pour s'opposer au torrent dévastateur, se joint, en 1525, au landgrave de Hesse et au duc de Brunswick; ils attaquent les anabaptistes à Franckenhausen, dans le comté de Mansfeld, et ils en font une effroyable boucherie. L'électeur de Saxe mourut quelque temps après sans laisser de postérité.

JEAN LE CONSTANT, frère puîné de Frédéric le Sage, lui succède, et se montre encore plus zélé protecteur que lui de la réforme. Luther, toujours banni et retiré à Cobourg, dirige de loin la protestation de ses partisans contre les décisions de la diète de Spire, et fait présenter par l'électeur de Saxe la *confession évangélique* à l'assemblée d'Augsbourg. L'ascendant de Charles-Quint met cette profession de foi au ban de l'empire, et les princes luthériens se déterminent à la défendre par les armes. Une ligue est conclue, en 1531, à Smalkalde, ville du comté de Henneberg; mais l'Allemagne, menacée par le sabre ottoman, est forcée d'étouffer les germes de la guerre civile. Jean le Constant mourut l'année suivante, laissant plusieurs enfants de Sophie de Mecklembourg.

L'aîné, JEAN-FRÉDÉRIC LE MAGNANIME, électeur de Saxe, profite d'abord des troubles causés par les progrès de la réforme pour s'emparer de Wolfenbuttel, et pour faire rentrer dans les domaines de sa maison le burgraviat de Magdebourg. Mais, déclaré chef de la ligue de Smalkalde, qui refuse de reconnaître l'autorité du concile de Trente, il est mis au ban de l'empire par Charles-Quint, et entre audacieusement en campagne avec le landgrave de Hesse. La ligue catholique leur oppose le luthérien Maurice, duc de Saxe, cousin de l'un et gendre de l'autre, qui, sacrifiant à la fois religion et parenté, avait mis ses services à la disposition de l'empereur. La fortune et l'habileté de ce jeune ambitieux remportèrent une victoire complète à Muhlberg, où furent faits prisonniers Jean-Frédéric et le landgrave. Un conseil de guerre, présidé par le duc d'Albe, prononça la peine de mort contre l'électeur. Quand on vint signifier au condamné son arrêt, il jouait aux échecs avec le duc de Brunswick; il écouta d'un air impassible, et, après la lecture, il reprit tranquillement sa partie. Cependant, sur les instances de

Maurice, Charles-Quint lui fait grâce de la vie. Mais, en vertu de la capitulation de Wittemberg, il le dépouille de la dignité électorale et de la plus grande partie de ses États, qu'il transfère au duc Maurice de la branche Albertine. Sa succession est déclarée ouverte pour le reste, et ses trois fils héritent, dans la Franconie, la Thuringe, le Vogtland et le cercle de Misnie, de quelques domaines dont la valeur s'élève à peine jusqu'à la concurrence de la somme de 50,000 florins, que leur laissait l'empereur pour tout patrimoine.

C'est ainsi que s'accomplirent l'interversion de l'ordre de succession de l'électorat de Saxe et le dépouillement de la ligne Ernestine en faveur de la branche cadette, événements qui portèrent à la race d'Ernest un coup funeste, dont elle ne devait se relever qu'après plusieurs siècles.

La fortune, si longtemps fidèle à Charles-Quint, fit voir enfin, comme il le disait lui-même, *qu'elle n'aime pas les vieillards.* Maurice, réveillé par les cris de l'indignation publique, réclame la délivrance du landgrave de Hesse, et n'obtient qu'un refus irritant. Il trame sourdement, en 1550, une ligue avec la France et plusieurs princes d'Allemagne, et, pour mieux couvrir ses démarches, il consent de faire le siége de la ville de Magdebourg, que Charles-Quint avait mise au ban de l'empire. Mais il traîne en longueur les opérations, s'assure de nouveaux alliés, et quand il s'est emparé de la place, au bout de treize mois de siége, il lève le masque, et marche sur Inspruck pour y surprendre l'empereur. Ce prince, affaibli par l'âge et tourmenté de la goutte, se sauve de nuit, et par un temps affreux, à travers les montagnes, n'ayant avec lui que les officiers de sa maison. Les confédérés reprochèrent vivement à Maurice d'avoir favorisé la fuite de l'empereur; il se contenta de leur répondre *qu'il n'avait pas de cage pour un si bel oiseau.*

En sortant d'Inspruck, Charles-Quint avait rendu la liberté à Jean-Frédéric. Le prince saxon, malgré les mauvais traitements qu'il avait reçus de l'empereur, aima mieux l'accompagner dans sa fuite que de suivre l'électeur Maurice, dont les triomphes augmentaient chaque jour l'insolence. Cependant son cousin étant mort l'année suivante, Jean-Frédéric revendiqua ses biens et sa dignité électorale. Le roi de Danemarck et plusieurs autres princes intercédèrent en sa faveur; mais ils n'obtinrent pour lui que la cession des comtés d'Altenbourg, d'Issemberg, de Sachsenbourg et l'expectative de la succession Albertine, si la ligne d'Auguste le Pieux, frère de Maurice, venait à s'éteindre. Cette transaction fut signée au château de Weimar, par Jean-Frédéric, quelques jours avant sa mort, arrivée le 3 mars 1554. Ses trois fils la ratifièrent l'année suivante à Naumbourg, où on renouvela en même temps l'ancien pacte de confraternité, de succession et de défense réciproque, souvent violé jusqu'alors par le malheur des conjonctures, entre les maisons de Saxe, de Brandebourg et de Hesse.

L'historien de Thou fait de l'électeur Jean-Frédéric le Magnanime un éloge court, mais flatteur : « C'étoit, dit-il, un grand homme, qui, de l'aveu même de ses ennemis, égaloit, par la douceur de son caractère, par sa prudence, par sa grandeur d'âme, les plus excellents princes. » C'est surtout dans la mauvaise fortune qu'il se montra supérieur. Pendant les cinq années qu'il fut détenu dans diverses forteresses, il ne se laissa jamais abattre par l'adversité, et, loin de faire quelques démarches pour fléchir l'empereur, il refusa même de signer l'intérim proposé par Charles-Quint, comme un échappatoire pour arriver à un rapprochement entre les communions chrétiennes.

JEAN-FRÉDÉRIC II, GUILLAUME et JEAN-FRÉDÉRIC III, fils du Magnanime, succédèrent à leur père en 1554. Ils échangèrent avec le comte de Mansfeld la seigneurie de Roemhild, ainsi que l'hypo-

thèque de Bruckenau et de Lichtenberg, contre la propriété sei-
gneuriale du bailliage d'Oldisleben et contre une forte somme
d'argent. Le cadet, Jean-Frédéric III, mourut en 1563, sans postérité, et son héritage fut recueilli par ses deux frères.

JEAN-FRÉDÉRIC II, l'aîné, s'attira la haine de l'empereur en don-
nant asile, dans Gotha, à Guillaume de Grumbach, gentilhomme
saxon, et à ses complices, proscrits pour avoir assassiné l'évêque
de Wurtzbourg. Maximilien II le mit au ban de l'empire et confia
l'exécution de la sentence à son cousin l'électeur de Saxe. Auguste
le Pieux, muni d'une commission impériale, marcha sur Gotha, où
Grumbach, soutenu par le duc, s'était enfermé dans le château de
Grimmestein avec une troupe de soldats attachés à sa fortune.
La place, après une vigoureuse résistance, fut obligée de se rendre
par la famine, le 13 avril 1567. Jean-Frédéric, aussi malheureux
que son père, fut jeté en prison et conduit à Vienne dans une
charrette, avec un bonnet de paille sur la tête. On le condamna à
une détention perpétuelle, et on le transféra à Neustadt, où il lan-
guit vingt-huit ans dans les cachots. La forteresse de Grimmestein
fut ruinée de fond en comble; c'est sur son emplacement que
le duc Ernest le Pieux a rebâti un château magnifique, nommé
Friedenstein, c'est-à-dire *le château de la paix*, par opposition
à l'ancien nom, qui signifiait *le château des fureurs*.

Les biens du proscrit avaient été confisqués en vertu de son ban,
et adjugés à son frère Guillaume dans la diète provinciale de
Saalfeld. Mais, à la prière de l'Électeur palatin et de plusieurs autres
princes allemands, ils furent rendus, par la diète de 1570, à ses
deux fils Jean-Casimir et Jean-Ernest, qui firent, le 6 novembre 1572, un nouveau partage avec leur oncle. Guillaume eut,
à titre de prélegs, le bailliage de Kœnisberg et le duché de Weimar;
les pricipales possessions de ses neveux furent Eisenach et Cobourg. On comprend ordinairement la ligne de Guillaume sous le

titre de branche Thuringienne, quelquefois aussi appelée branche aînée de Weimar. Celle de ses neveux, qui prit le nom de Franconienne, n'eut pas de longues destinées, et sembla n'apparaître que pour assister aux sanglants désastres dont la Saxe fut le théâtre pendant la guerre de Trente Ans. Après la mort de Jean-Casimir à Cobourg, en 1633, et de Jean Ernest à Eisenach, en 1638, ces deux princes n'ayant pas laissé de postérité, les biens de la ligne Franconienne échurent à celle de Thuringe.

Le duc GUILLAUME, fils puîné du malheureux JEAN-FRÉDÉRIC LE MAGNANIME, fixa sa résidence à Weimar, capitale de ses États, et habita le château de Wilhemsbourg, célèbre par sa grandeur et sa magnificence. Il mourut quelques mois après le partage de 1572, laissant deux fils, Frédéric-Guillaume et Jean IV, qui lui succédèrent en commun. Ils héritèrent, en 1583, d'une partie du comté de Henneberg; l'autre fut adjugée à l'électeur de Saxe, Auguste le Pieux, pour l'indemniser des frais de la guerre de Gotha, qu'il avait été obligé de soutenir seize ans auparavant, comme exécuteur de la sentence impériale contre leur oncle Frédéric II. Ils firent ensuite l'acquisition de Ronnebourg, d'Oldisleben et des possessions de l'ordre Teutonique dans l'Osterland, et ils restèrent dans l'indivision jusqu'à la mort de Frédéric-Guillaume, l'aîné, en 1602. Ses quatre fils conclurent, l'année suivante, un traité de partage avec Jean, leur oncle, et obtinrent pour leur apanage le duché d'Altenbourg qui donna son nom à la ligne dont ils furent les fondateurs. Cette première maison d'Altenbourg s'éteignit, en 1672, avec le petit-fils de Frédéric-Guillaume.

JEAN IV, par le traité de 1603, avait eu en partage le duché de Weimar et avait continué la branche de ce nom, qui devait devenir l'aînée de la ligne Ernestine, et par conséquent de toute la maison de Saxe. Sa mort prématurée, en 1605, laissa ses huit enfants sous la tutelle de l'électeur Christian, petit-fils d'Auguste le Pieux. Ils gouvernèrent longtemps en commun leurs États et les agrandirent par l'adjudication de Berka, de Krannichfeld et de Remda, acquis à leur famille, en partie par achat et en partie par héritage.

Bernard de Weimar, l'un des plus grands capitaines de son siècle, était le huitième de ces princes illustres. Il naquit en 1604, et fut bercé par sa mère aux récits de la gloire de ses ancêtres et des malheurs attirés sur la maison Ernestine par l'appui que son bisaïeul Frédéric le Magnanime et son grand-oncle Frédéric II avaient donné à la réforme. Le cœur du jeune Bernard s'ouvrit de bonne heure aux désirs de vengeance et d'ambition; à l'âge de dix-sept ans il quitta le collége d'Iéna et embrassa la profession des armes, malgré la volonté de son frère aîné, Jean Ernest.

Lorsqu'en 1619 eut éclaté la guerre de Trente Ans, qui ne fut pas autre chose à ses différentes périodes qu'une lutte de la réforme contre le catholicisme, Bernard suivit son frère Guillaume de Weimar à l'armée rassemblée pour relever les affaires de Frédéric V, électeur palatin et roi de Bohême. La défaite de Prague et celle de Wimpfen ayant entraîné la dissolution momentanée de la ligue protestante, il revint en Saxe et ne reparut qu'en 1623, sur les champs de bataille, à la tête d'un régiment d'infanterie. Bernard fit des merveilles dans le combat livré près de Stadloe, en Westphalie, où Guillaume de Weimar tomba au pouvoir des impériaux. Il alla trouver alors dans les Pays-Bas son frère aîné, Jean-Ernest, qui, depuis la bataille de Prague, avait offert ses services à Maurice de Nassau, prince d'Orange, pour l'aider à secouer le joug de l'Espagne.

La reprise des hostilités en Allemagne y rappela bientôt Bernard et Jean-Ernest, qui reçurent le commandement de la cavalerie de Christian IV, roi de Danemarck, chef de la nouvelle ligue protestante. Cette fois encore, Tilly et Wallenstein, profitant des fausses manœuvres de l'armée danoise et de sa division en trois corps, battirent leurs ennemis en détail et remportèrent une victoire générale sur Christian IV à Lutter. Le roi de Danemarck, dépouillé d'une partie de ses États, ne put les recouvrer qu'en renonçant à toute participation aux affaires d'Allemagne et en abandonnant ses alliés. Tandis que Jean-Ernest se retirait en Hongrie, Bernard alla chercher asile en France et dans les Pays-Bas. Il revint ensuite à Weimar, mais il n'y retrouva plus deux de ses frères; Jean-Ernest était mort en exil, et Frédéric avait été tué en 1622, à la bataille de Fleurus, en Flandre, où il servait sous le commandement du comte de Mansfeld.

Cependant, en 1630, l'inexécution des promesses faites aux protestants par l'empereur Ferdinand II amène sur la scène le roi de Suède, Gustave-Adolphe, dont l'armée s'empare de Stettin. Sans attendre le parti que prendraient ses frères et les autres princes luthériens, Bernard se rangea un des premiers sous les drapeaux du héros suédois, qui lui promit les évêchés de Bamberg et de Wurtzbourg, avec le titre de duc de Franconie. Chargé de soumettre la Bavière, le prince de Weimar porta ses armes victorieuses jusqu'aux montagnes du Tyrol et s'empara des trois forteresses d'Ehrembourg, les clefs de ce pays. Ferdinand II craignit même un instant pour ses possessions d'Italie; mais Bernard, rappelé par le roi de Suède, vint renforcer le corps d'armée principal que menaçait Wallenstein. Il prit avec son frère Guillaume une part glorieuse à la bataille de Lutzen, où Gustave-Adolphe trouva la victoire et la mort. Après avoir passé deux nuits sous les armes, il conduisit l'armée triomphante à Weissenfels, où, d'une voix unanime, il fut proclamé général en chef.

Les princes de Weimar, Bernard et Guillaume, chassèrent les impériaux de toute la Saxe et se préparèrent à poursuivre le cours de leurs succès; mais les Suédois mutinés refusèrent d'aller plus loin, avant que leur solde eût été payée, suivant la promesse de Gustave-Adolphe.

Bernard, réduit à l'inaction, reçut du chancelier Oxenstiern le duché de Franconie, relevant de la couronne de Suède. Il en remit le gouvernement à son frère, Ernest le Pieux, et vola au siége de Ratisbonne, qu'il força en peu de jours à capituler. L'empereur envoya son fils reprendre cette place et attaquer la ville de Nordlingen. Bernard accourut pour s'opposer au progrès des ennemis, et, emporté par son ardeur, par le souvenir de ses triomphes et par l'espoir d'assurer promptement la possession de son nouveau duché de Franconie, il livra bataille aux impériaux, malgré l'infériorité de ses forces. La défaite de Nordlingen châtia sa témérité sans porter atteinte à sa gloire. La France et la Suède se disputèrent les services du vaincu, et Richelieu, plus puissant et plus riche qu'Oxenstiern, triompha dans cette lutte. Tourmenté de la crainte que le duc de Weimar n'employât ses forces militaires et l'ascendant de sa fortune et de son génie à réintégrer la branche Ernestine dans la possession de l'électorat, Jean-Georges Ier, électeur régnant et petit-fils d'Auguste le Pieux, venait de signer le traité de Prague avec l'empereur Ferdinand II.

Par des conventions conclues à Saint-Germain-en-Laye, en 1635, Bernard obtint de la cour de France quatre millions de livres pour l'entretien de ses troupes, avec la promesse du landgraviat d'Alsace et de la préfecture d'Haguenau pour être érigés en principauté impériale réversible à sa postérité. Dans son voyage à Paris, en 1636, il s'entendit avec Richelieu sur la campagne qui allait s'ouvrir, et concerta ses plans avec lui, sans jamais flatter ni le ministre ni ses favoris. Un jour le père Joseph, qui se croyait habile capitaine, lui montrait sur la carte les villes qu'il fallait prendre immédiatement. *Tout cela serait bien, père Joseph,* dit le duc de Weimar, *si l'on prenait les places fortes avec le bout du doigt.*

Bernard commença la campagne de 1636 par achever la réduction de l'Alsace et par faire lever le siége de Saint-Jean-de-Losne, dont on connaît l'héroïque résistance. Il s'empara ensuite de plusieurs villes des Vosges et de la Franche-Comté, et il poursuivit ses conquêtes l'année suivante, après avoir battu à Gray, sur les bords de la Saône, les troupes du duc de Lorraine. Enfin, il couronna ses exploits par la brillante campagne de 1638, pendant laquelle il gagna huit batailles et se rendit maître de Brisach et de deux autres places fortes réputées imprenables. Il mourut quelques mois après, enlevé rapidement par une maladie qu'on attribua au poison; il était assez redoutable pour que cette opinion eût quelque vraisemblance.

« A la bravoure du soldat, dit Schiller, Bernard joignait le « coup d'œil calme et rapide du général; au courage réfléchi de « l'âge mûr, la fougue de la jeunesse; à l'ardeur belliqueuse du « guerrier, la dignité du prince, la modération du sage et la déli- « catesse de l'homme d'honneur. Jamais abattu par la fortune, « il se relevait du coup le plus terrible avec autant de promptitude « que d'énergie. Son ambition le portait vers un but trop élevé « peut-être; mais de tels génies ont d'autres règles de conduite « que le vulgaire : son imagination semblait se faire un jeu des « projets les plus audacieux. Bernard apparaît à nos yeux dans les « temps modernes comme un beau modèle de ces siècles vigou- « reux, où le mérite personnel avait encore quelque prix, où « la valeur donnait des États et où la vertu des héros élevait un « chevalier allemand sur le trône impérial. »

Des huit fils de Jean IV, il ne restait plus, après la mort de Bernard, que GUILLAUME, ALBERT et ERNEST LE PIEUX. Le 13 février 1640, les trois frères firent un partage de leur patrimoine : Albert eut Eisenach, mais il mourut quatre ans après, laissant la plus grande partie de son héritage à Guillaume son frère, qui fonda la branche de Saxe-Weimar-Eisenach , tandis qu'Ernest le Pieux devenait la tige de celle de Saxe-Gotha.

Branche de Saxe-Weimar, aujourd'hui Grand-Ducale.

GUILLAUME Ier, duc de Saxe-Weimar-Eisenach , après avoir pris une part glorieuse à la guerre de Trente Ans, mourut en 1662, laissant quatre fils, dont l'aîné, Jean-Ernest, lui succéda dans le duché de Weimar. Les trois autres formèrent les rameaux d'Eisenach, de Marksulh et d'Iéna, qui s'éteignirent successivement dans l'espace d'un demi-siècle, et dont les apanages furent ainsi réunis de nouveau à la souche principale. BERNARD, duc [de Saxe-Iéna, le plus jeune, épousa Marie de la Trémouille fille de Henri , duc de Thouars, dont il eut plusieurs enfants, tous morts sans postérité.

JEAN-ERNEST II, duc de Saxe-Weimar, petit-fils de Guillaume Ier, mourut en 1707 ; il portait les titres de duc de Saxe, de Juliers, de Clèves, de Mons, d'Angrie et de Westphalie, de landgrave de Thuringe, de marquis de Misnie, de prince-comte de Henneberg, de comte de la Marck et de Ravensberg et de seigneur de Ravenstein, affectés pour la plupart à sa branche, comme à l'aînée de toute la maison de Saxe.

ERNEST-AUGUSTE succéda, en 1707, à Jean-Ernest II, son père; les démembrements successifs du patrimoine des ducs de Weimar avaient trop appauvri leur branche pour qu'on ne songeât pas à y porter remède. La succession selon le droit de primogéniture fut établie par Ernest-Auguste, et confirmée par l'empereur.

CHARLES-AUGUSTE, duc de Saxe-Weimar-Eisenach, né le 3 septembre 1757, succéda l'année suivante à son père, Ernest-Auguste, sous l'administration et la tutelle de sa mère, la duchesse Amélie. Par une transaction, il acquit en 1764, du grand chapitre de Fulda, une partie du bailliage de Fischberg. Le congrès de Vienne démembra le territoire du royaume de Saxe, et en rattacha plusieurs portions au duché de Weimar-Eisenach, qui reçut alors un accroissement de population de quatre-vingt mille âmes, et dont les limites furent définitivement fixées par les traités particuliers conclus avec la Prusse en 1815. Charles-Auguste obtint en même temps le titre de grand-duc, comme aîné de la souche Ernestine, et par conséquent de toutes les branches actuelles de Saxe.

CHARLES-FRÉDÉRIC, grand-duc de Saxe-Weimar-Eisenach, fils aîné de Charles-Auguste, lui succéda en 1828. Il est gendre de l'empereur de Russie, PAUL Iᵉʳ, et ses filles ont épousé les deux fils puînés de GUILLAUME III, roi de Prusse. Il descend au dixième degré du fondateur de la branche Ernestine, et au dix-neuvième de CONRAD LE PIEUX, comte de Wettin. Le grand-duché, dont les principales villes sont Weimar et Iéna, possède une seule voix à la diète comme État de la confédération germanique.

Branche de Saxe-Gotha, qui se subdivise en quatre rameaux; Gotha-Altenbourg, Cobourg-Meiningen, Hildbourghausen et Cobourg-Gotha.

ERNEST LE PIEUX, fils de JEAN IV, devint, après le partage de 1640, la tige de la branche de Gotha, puînée de celle de Weimar. Il fit, avec son frère Bernard, les guerres d'Allemagne sous Gustave-Adolphe, et mérita, par sa valeur bouillante, l'estime et les éloges de ce grand capitaine. Après la signature du traité de Prague, en 1635, il revint dans son duché, et consacra tous ses soins à réparer les ravages que la guerre de Trente Ans y avait causés. Pour améliorer le sort de ses sujets, il favorisa les lettres et les sciences, et il fonda dans chaque paroisse des écoles où les enfants des classes pauvres devaient puiser des principes religieux et moraux. Il contraignit les parents par l'attrait des récompenses, plus encore que par la crainte des punitions, à faire jouir leurs enfants des bienfaits de l'instruction élémentaire. Enfin, il fit imprimer à ses frais une édition de la Bible de Luther, qui, de son nom, fut appelée Ernestine, et dont il distribua des exemplaires aux églises et aux écoles publiques. Le prince devint un objet de vénération, dans toute la Saxe et fut chéri de ses sujets comme un père. Par ses économies et par le maintien de la paix, il se mit en état de satisfaire sa générosité naturelle sans accroître les charges du peuple; et avec des revenus médiocres il fit, sinon de grandes choses, du moins des améliorations d'un mérite et d'une utilité incontestables. Il mourut en 1675, laissant son patrimoine agrandi par les successions partielles du comté de Henneberg et du duché d'Altenbourg.

Selon les dispositions testamentaires d'Ernest le Pieux, ses sept fils, qui lui survécurent tous, devaient régner en commun. Cependant, après être restés cinq ans dans l'indivision, ils se partagèrent l'héritage paternel en 1680 et 1681. Frédéric, l'aîné, eut Gotha, Albert eut Cobourg, Meiningen échut à Bernard, Roemhild à Henri, Eisenberg à Chrétien, Hildbourghausen à Ernest, et Saalfeld à Jean-Ernest.

De ces sept branches, trois s'éteignirent avec leurs fondateurs, morts sans postérité : Cobourg en 1699, Eisenberg en 1707, et Roemhild en 1710. Leurs États furent divisés entre les quatre lignes survivantes, et la principauté de Cobourg étant échue en partie à Meiningen et en partie à Saalfeld, ces deux dernières prirent les noms de Saxe-Cobourg-Meiningen et de Saxe-Cobourg-Saalfeld.

La branche de Gotha, puînée de celle de Weimar, et qui s'en était détachée du chef d'Ernest le Pieux, se trouva ainsi subdivisée en quatre ramaux : Gotha, Cobourg-Meiningen, Hildbourghausen, aujourd'hui Altenbourg, et Cobourg-Saalfeld, aujourd'hui Cobourg-Gotha.

Branche de Saxe-Gotha-Altenbourg, éteinte en 1825.

Frédéric Ier, duc de Saxe-Gotha, fils aîné d'Ernest le Pieux, eut pour patrimoine Gotha et Altenbourg, et acheta du comte de Waldeck la seigneurie de Tonna. Il régla le droit de succession par ordre de primogéniture, pour prévenir les funestes résultats d'une nouvelle subdivision, et mourut en 1691, laissant deux fils.

Frédéric II, duc de Saxe-Gotha, recueillit, comme aîné, toute la succession paternelle, en vertu des dispositions nouvellement établies. Jean-Guillaume, son frère, prit du service dans les armées de l'empereur, et fit plusieurs campagnes sous le prince Eugène. Au siége de Toulon, en 1707, il commanda une division prussienne auxiliaire de Savoie. Chargé de couvrir les travaux de la tranchée, et attaqué par des forces supérieures, il se défendit vaillamment et envoya au camp demander du secours. Comme les renforts tardaient à arriver, tous ses officiers lui conseillèrent de battre en retraite; mais il refusa d'abandonner son poste, et se tournant vers ses soldats, dont les deux tiers avaient déjà succombé : « Mes amis, s'écria-t-il, mourons ici en gens d'honneur ! » Il commanda une nouvelle charge, et tomba au même instant frappé de deux coups de feu. On rapporta son corps à Friedenstein, et il fut inhumé dans la chapelle de Sainte-Marguerite, où était le tombeau de sa famille.

Ernest II, duc de Saxe-Gotha, petit-fils de Frédéric II, employa tous ses soins et ses efforts à réparer les désastres que la guerre de Sept Ans avait causés sous son père Frédéric III. Pour améliorer le sort de ses sujets et rétablir ses finances, il évita de prendre part aux luttes sanglantes qui déchiraient l'Europe; et, lorsqu'il dut fournir son contingent à la confédération germanique contre la révolution française, il n'épargna aucun sacrifice pour éloigner la guerre de ses États. Protecteur éclairé des sciences, il fit plusieurs établissements pour en favoriser les progrès, et construisit dans son château de Seeberg le plus bel observatoire. L'astronome Lalande, avec lequel il entretenait une correspondance intime, a rendu dans ses écrits un témoignage flatteur du zèle et du goût de ce prince pour les études scientifiques.

Le rameau de Gotha s'éteignit, en 1825, par la mort de FRÉDÉRIC IV, fils d'Ernest II. Son patrimoine fut partagé entre les trois autres ramifications cadettes de la souche Ernestine : Cobourg-Meiningen, Hildbourghausen et Cobourg-Saalfeld, à l'exclusion de l'aînée, celle des grands-ducs de Saxe-Weimar, qui n'était qu'une branche collatérale à un degré plus éloigné. Elles conservèrent dans le *plenum*, ou assemblée générale de la diète, la voix que possédait Saxe-Gotha ; mais le nombre des membres de la confédération se trouve réduit à trente-huit.

Branche de Saxe-Meiningen.

BERNARD, troisième fils d'Ernest le Pieux, et fondateur de la ligne de Saxe-Cobourg-Meiningen, fut l'aïeul de GEORGE-FRÉDÉRIC, CHARLES, qui mourut en 1803, et le bisaïeul de BERNARD II, duc de Meiningen, actuellement régnant. Par l'accord de 1826, Bernard II ne recueillit pas intégralement sa part dans l'héritage du rameau de Gotha, parce que la position géographique des États de Meiningen s'y opposait ; mais en compensation de ses droits, il obtint que le duché de Hildbourghausen lui fût cédé par la ligne de ce nom, qui prit alors le titre de Saxe-Altenbourg, et la principauté de Saalfeld par la branche de Cobourg-Saalfeld, qui est appelée aujourd'hui Saxe-Cobourg-Gotha.

Ce prince, dont la sœur ADÉLAÏDE est veuve du roi d'Angleterre Guillaume IV, n'a qu'un fils, Georges, prince héréditaire, né en 1826, unique rejeton de la ligne de Meiningen.

Bernard II est le neuvième descendant d'Ernest Ier et le dix-huitième de Conrad le Pieux, comte de Wettin.

Par l'extinction du rameau de Saxe-Gotha, en 1825, celui de Saxe-Meiningen est devenu l'aîné des trois appartenant à la branche cadette de la maison Ernestine, dont les grands-ducs de Saxe-Weimar forment la branche aînée.

Branche de Saxe-Hildbourghausen, aujourd'hui Saxe-Altenbourg.

Ernest, duc de Saxe-Hildbourghausen, sixième fils d'Ernest le Pieux, avait eu, par le pacte de famille de 1680, les bailliages et lieux d'Hedbourg, d'Eisfeld, de Hildbourghausen et plusieurs autres petits domaines. Il augmenta ces possessions des seigneuries de Kœnigsberg, de Sonnefeld et de Baehringen, dont il hérita. Pour éviter désormais le morcellement du patrimoine de sa race, il établit le droit de primogéniture en faveur de son fils aîné, Ernest-Frédéric, qui lui succéda en 1715.

Ernest-Frédéric Ier, duc de Saxe-Hildbourghausen, échangea le bailliage de Schalkau contre quelques villages du pays de Meiningen. Il fut l'aïeul d'Ernest-Frédéric-Charles, qui devint général en chef des armées impériales dans la guerre de Sept Ans, et qui partagea avec le prince de Soubise le commandement des troupes confédérées à la bataille de Rosbach, sur la Sala, près de Mersbourg. Frédéric Ier succéda en 1780 à son père Ernest-Frédéric-Charles. Il fut, en 1825, un des héritiers du rameau de Saxe-Gotha, et il obtint pour sa part la principauté d'Altenbourg, à l'exception de quelques districts qu'il céda, avec son duché de Hildbourghausen, au duc de Saxe-Meiningen. En changeant de patrimoine, le rameau a changé de nom. Frédéric, devenu premier duc de la nouvelle branche d'Altenbourg, est mort en 1834.

Joseph, l'aîné de ses quatre fils, duc de Saxe-Cobourg, actuellement régnant, est le onzième descendant d'Ernest le Pieux, et le vingtième de Conrad, comte de Wettin. Le duc Joseph a épousé, en 1817, la princesse Amélie, cousinegermaine du roi de Wurtemberg, dont il n'a que des filles. Mais ses frères Georges et Auguste ont chacun deux fils.

Branche de Saxe-Cobourg-Saalfeld, aujourd'hui Saxe-Cobourg-Gotha.

Jean-Ernest, septième fils d'Ernest le Pieux, devint, comme nous l'avons vu, après la mort de ce prince, en 1675, l'auteur de la branche de Saxe-Cobourg-Saalfeld, la plus jeune de toutes, qui devait être appelée aux plus hautes et plus glorieuses destinées.

Jean-Ernest eut pour sa part de l'héritage paternel le bailliage de Saalfeld, qui, joint à quelques autres petites possessions, fut érigé en duché. Par un traité conclu en 1682 avec son frère, le duc de Saxe-Gotha, il acquit la ville de Poesneck. Après la mort des ducs d'Eisemberg, de Cobourg et de Roemhild, le partage de leurs États causa entre les autres enfants d'Ernest le Pieux de longues contestations dont Jean-Ernest ne vit pas lui-même le terme.

Christian-Ernest et François-Josias, ses fils, lui succédèrent en commun en 1729; une nouvelle division de patrimoine était devenue presque impossible par le peu d'étendue du duché de Saalfeld. Pour mettre fin aux dissensions qui troublaient la bonne intelligence entre les divers rameaux de Gotha, ils conclurent avec leurs cousins un accord définitif par lequel les bailliages de Neustadt et de Cobourg, ainsi qu'une partie des bailliages de Roemhild et de Thémar, furent réunis au duché de Saalfeld.

Après la mort de Christian-Ernest, qui ne laissait pas d'enfants,

François-Josias, devenu possesseur de tout le duché de Cobourg-Saalfeld, établit le droit de primogéniture pour sa descendance. Sous son règne, ses États furent ruinés par la guerre de Sept Ans, dont les rigueurs et l'injustice sont des flétrissures ineffaçables à la gloire du grand Frédéric.

L'électeur de Saxe, après avoir disputé à Marie-Thérèse d'Autriche le trône impérial, devenu vacant par l'extinction de la maison de Habsbourg, avait renoncé à ses prétentions, en 1745, pour mettre un terme aux luttes sanglantes qui déchiraient l'Allemagne. Tout à coup, au milieu d'une profonde paix entre la Prusse et l'empire, et sans aucune déclaration de guerre, le prince Ferdinand de Brunswick entre en Saxe à la tête de soixante mille Prussiens et s'empare de Leipsick. Cette invasion, depuis longtemps sans exemple, est accompagnée d'un manifeste par lequel le grand Frédéric apprend à l'Europe étonnée qu'il commence les hostilités sans être l'agresseur, et que le dépouillement d'un des principaux membres de l'empire n'a d'autre but que la conservation des libertés du corps germanique. En vain l'électeur de Saxe cherche à détourner l'orage et demande le bénéfice de la neutralité : « Tout ce que vous m'offrez, répond le « roi de Prusse, ne me convient pas, et je n'ai pas de propositions « à vous faire. »

Frédéric s'empare de Dresde, et investit dans le camp de Pirna l'armée saxonne, qu'il oblige à capituler. La victoire de Rosbach, remportée par les Prussiens sur le duc de Saxe-Hildbourghausen, achève de mettre toute la Saxe à la discrétion du vainqueur. Il y exerce avec sévérité le droit de conquête, vide les trésors des Ducs, lève d'énormes contributions sur le peuple, et enrôle de force les Saxons pour recruter ses armées. Cette guerre, plus destructive dans l'espace de sept ans que celle qui avait désolé trente ans l'Allemagne au dix-septième siècle, fut terminée par le

traité d'Hubertsbourg, près de Dresde, signé le 15 février 1763.
François Josias, délivré de l'invasion, cherchait à en réparer
les désastres, quand il mourut de chagrin et de vieillesse en 1764.
Il laissait deux fils d'Anne de Schwartzbourg, sa femme.

FRÉDÉRIC JOSSE, prince de Saxe-Cobourg, le plus jeune, entra au
service de l'Autriche et fit ses premières armes avec distinction
dans la guerre de Sept Ans. Il commanda en chef avec Suwarow
les forces de la coalition formée, en 1787, entre l'Autriche et la
Russie contre la Porte ottomane. Le prince de Cobourg, cerné en
Valachie par l'armée du grand-visir, bien supérieure en nombre
à la sienne, se trouvait dans une position dangereuse, lorsque le
général russe accourut à son secours, et partagea avec lui les hon-
neurs de la journée de Martinesti. La guerre de l'Autriche contre
la République française fournit au prince de Cobourg l'occasion
de jouer un rôle plus éclatant. Il fut chargé, à la tête de l'armée
des Pays-Bas, de reconquérir la Belgique, et ouvrit la campagne
par le passage de la Roër et la victoire d'Aldenhoven. La délivrance
de Maestricht, la bataille de Nerwinde, la prise de Condé, de
Valenciennes, du Quesnoy et de Landrecies, donnèrent à ses armes
un éclat qui répandit la terreur dans toute la France. Mais les
troupes anglaises s'étant séparées de lui pour aller attaquer Dun-
kerque, leur départ affaiblit son armée, et le força de se replier
sur la Meuse, et enfin jusque sur les bords du Rhin. L'échec de
Fleurus fut un véritable triomphe pour tous les ennemis de la gloire
du prince de Cobourg ; ceux même qui l'avaient proclamé le plus
grand général de l'Europe au moment de ses succès, refusèrent
alors de reconnaître son mérite. Victime de l'envie et de la haine,
il rentra en Allemagne, et chercha à se faire oublier dans l'obscurité de la vie privée. Depuis longtemps on ne parlait plus de lui,
lorsqu'en 1815, on apprit qu'il venait de mourir à l'âge de soixante
et dix-huit ans.

Le témoignage le plus irrécusable de la crainte que ses armes inspirèrent un moment à ses ennemis, c'est l'acharnement puéril que mirent les révolutionnaires français à lui attribuer, ainsi qu'au plus fameux ministre anglais, tous les complots et tous les événements qui menaçaient l'existence de la République. On se souviendra longtemps encore en France du cri sanguinaire d'*agents de Pitt et de Cobourg*.

Ernest-Frédéric, duc de Saxe-Cobourg Saalfeld, frère aîné de Frédéric-Josse, naquit le 18 mars 1724, et recueillit, d'après le nouveau droit de primogéniture, toute la succession paternelle. Les longues souffrances qui avaient accablé ses sujets pendant la guerre de Sept Ans et son penchant naturel pour le calme et les douceurs de la paix lui firent consacrer tous ses soins à maintenir la tranquillité dans ses États et à restaurer ses finances épuisées.

Il garda en 1794 la neutralité armée, et mourut le 8 septembre 1800, laissant, de Sophie-Antoinette de Brunswick-Wolfenbuttel, trois enfants, dont une fille morte sans alliance. Louis-Charles-Frédéric, le plus jeune des deux fils, était feld-maréchal au service de l'Autriche, et n'a pas laissé de postérité.

Frédéric Ier (François-Antoine), duc de Saxe-Cobourg-Saalfeld, succéda, comme l'aîné, à son père Ernest-Frédéric. Il conclut avec son cousin le duc de Saxe-Gotha, le 4 mai 1805, un traité qui termina les anciens différends qu'avaient excités les affaires de succession. En cédant la troisième partie du bailliage de Roemhild et un certain nombre de villages du pays d'Altenbourg, le duc de Saxe-Cobourg-Saalfeld fut mis en pleine et entière possession du bailliage de Thémar, dont il avait joui jusqu'alors conjointement avec Saxe-Gotha. Frédéric mourut le 9 décembre 1806, et laissa six enfants de son mariage avec la princesse Auguste-Caroline-Sophie de Reuss-Ebersdorff.

Ernest-Antoine-Charles-Louis, duc de Saxe-Cobourg-Saalfeld, actuellement régnant, prit les rênes du gouvernement après la mort de son père Frédéric Ier. Il naquit le 2 janvier 1784, et fit ses premières armes en Russie. Lors de la coalition contre l'empire français, il passa au service de l'Autriche, et il commandait en 1814 le corps de troupes saxonnes qui s'était formé en Westphalie, et qui faisait partie de la division du maréchal de Schwartzemberg. Le duc de Cobourg fut le premier des princes alliés qui décréta que sa part des contributions levées sur la France en 1815 serait partagée entre ceux de ses sujets qui avaient le plus souffert du passage et du séjour des Français en Allemagne. Cette répartition, par l'impartialité qui y a présidé, est devenue le plus bel acte de justice des temps modernes.

Le congrès de Vienne, pour récompenser les services du duc de Cobourg dans l'armée des alliés, a, par l'article 49, affecté à la branche ducale la principauté de Lichtenberg, dont le traité conclu l'année suivante avec la Prusse lui a garanti la possession. Après l'extinction de la branche Gotha, le duc Ernest, en vertu de la convention conclue le 12 novembre 1826, a cédé au rameau de Meiningen la principauté de Saalfeld, le bailliage de Thémar et les villages situés sur la rive gauche de la petite rivière de Steinach. Il obtint en retour le duché de Gotha, à l'exception du bailliage de Crannichfeld et de la coseigneurie de Roemhild. Le duc de Cobourg eut en outre les bailliages de Kœnigsberg et de Sonnefeld, cédés par Hildbourghausen, et les domaines de Kahlenberg et de Gaverstaed, qui avaient appartenu à la Saxe-Meiningen. Depuis ce partage, ERNEST a pris le titre de duc de SAXE-COBOURG-GOTHA. Il a épousé la princesse LOUISE, sœur de Frédéric IV, dernier duc de Saxe-Gotha-Altenbourg, dont il a deux fils :

1° ERNEST, l'aîné, prince héréditaire, né le 21 juin 1818.

2° ALBERT, le plus jeune, né le 26 août 1819, marié le 10 février 1840 avec sa cousine VITTORIA, reine d'Angleterre.

Frères et sœurs du duc de Saxe-Cobourg-Gotha.

I. La princesse JULIENNE, appelée aujourd'hui ANNA-FÉODOROWNA, née le 23 septembre 1781, a épousé, le 6 février 1796, le grand-duc CONSTANTIN DE RUSSIE ; elle habite Elfenau, près de Berne, en Suisse.

II. La princesse VICTOIRE, née le 17 août 1786, est veuve d'É-DOUARD, duc de Kent, frère de GUILLAUME IV, dernier roi d'Angleterre.

III. LÉOPOLD-Georges-Chrétien-Frédéric, prince de SAXE-COBOURG-SAALFELD, aujourd'hui roi des Belges, né le 16 décembre 1790, est le plus jeune des enfants de FRÉDÉRIC Ier. Nommé général-major au service de la Russie et chevalier de l'ordre saxon de la Couronne de Rue, il accompagna en 1814 les souverains alliés à Londres. Deux ans après, Léopold épousa CHARLOTTE, princesse de Galles, fille de GEORGES IV et héritière présomptive de la couronne d'Angleterre. La ville de Londres lui accorda dans cette circonstance la franchise de la Cité, et lui offrit, ainsi qu'au duc de Glocester, une tabatière faite avec un morceau de chêne tiré du vaisseau *la Victoire*, qui portait le pavillon de l'amiral Nelson au combat de Trafalgar. Le prince régent d'Angleterre lui conféra en 1816 la grand'croix de l'ordre des Guelfes et le grade de feld-maréchal de l'armée britannique.

Le prince Léopold a été élu roi par le congrès national de la Belgique, le 4 juin 1831 ; il a fait son entrée dans Bruxelles, et il a pris possession du trône le 21 juillet suivant. Il s'est remarié le 9 août 1832, au château de Compiègne, avec LOUISE-MARIE-THÉ-RÈSE-CHARLOTTE-ISABELLE, princesse d'ORLÉANS, dont il a :

1º LÉOPOLD-Louis-Philippe-Marie-Victor, duc de Brabant, prince royal, né le 9 avril 1835.

2° PHILIPPE-Eugène-Ferdinand-Marie-Clément-Baudouin-Léopold-Georges, comte de Flandre, né le 21 mars 1837.

3° Marie-CHARLOTTE-Amélie-Auguste-Victoire-Clémentine-Léopoldine, née le 7 juin 1840.

IV. FERDINAND-GEORGES-AUGUSTE, prince de SAXE-COBOURG, quatrième enfant de FRÉDÉRIC Ier, est né le 28 mars 1785. Il entra au service de l'empereur, et fit en 1815 partie de la division autrichienne qui occupa le département de la Nièvre. Il déploya en toutes circonstances autant de générosité que de bravoure. A la demande du préfet, il empêcha le désarmement de la garde nationale de Nevers, et n'a laissé, par sa noble conduite dans cette ville que des souvenirs d'affection et de regrets. En 1815, l'empereur lui conféra la croix de commandeur de Marie-Thérèse, et lui donna, l'année suivante, la main de MARIE-ANTOINETTE-GABRIELLE, fille et héritière du comte de COHARY, magnat de Hongrie, et l'un des plus riches princes de l'Europe.

Le prince de COBOURG est aujourd'hui colonel propriétaire du 8° régiment de hussards, au service de l'Autriche ; il descend au dixième degré d'ERNEST Ier, et au dix-neuvième de CONRAD LE PIEUX, comte de Wettin.

De son mariage avec la comtesse de COHARY sont issus :

1° FERDINAND-Auguste-François-Antoine, l'aîné, roi de Portugal, né le 29 octobre 1816, marié le 9 avril 1836 à la reine DONA MARIA, dont il a trois fils :

a PEDRO D'ALCANTARA, prince royal, né le 16 septembre 1837 ;

b LOUIS-PHILIPPE, duc d'Oporto, né le 31 octobre 1838 ;

c JEAN-Marie-Fernand, né le 16 mars 1842.

2° AUGUSTE-Louis-Victor, né le 13 janvier 1818, marié le 20 avril 1843 à Marie-CLÉMENTINE-Caroline-Léopoldine-Clotilde, princesse d'Orléans, fille du roi des Français ;

3° VICTOIRE-Auguste-Antoinette, née le 14 février 1822, ma-

riée le 27 avril 1840 à Louis-Charles-Philippe-Raphaël d'Orléans, duc de Nemours. De cette union est issu Louis-Philippe-
Marie-Ferdinand-Gaston, comte d'Eu, né le 28 avril 1842.

4° Léopold-François-Jules, né le 31 janvier 1824.

C'est ainsi que, dans l'espace de quelques années, par l'élévation d'un de ses membres au trône de Belgique, et par les alliances
royales qui lui donnent l'espérance de voir un jour ses rejetons
porter les couronnes d'Angleterre et de Portugal, la branche de
Saxe-Cobourg, cadette de tous les rameaux sortis comme elle de
la souche Ernestine, a éclipsé ses illustres aînées, et s'est acqui
un rang élevé parmi les maisons souveraines de l'Europe.

TABLE DES MATIÈRES.

PLANCHES.

I. — Armes de la maison de Saxe : *Fascé d'or et de sable de huit pièces, au crancelin de sinople.* Supports : deux lions.

II. — Armes des maisons de France, de Grande-Bretagne, de Russie, de Portugal et de Belgique, issues ou alliées de la maison de Saxe.

SAXE

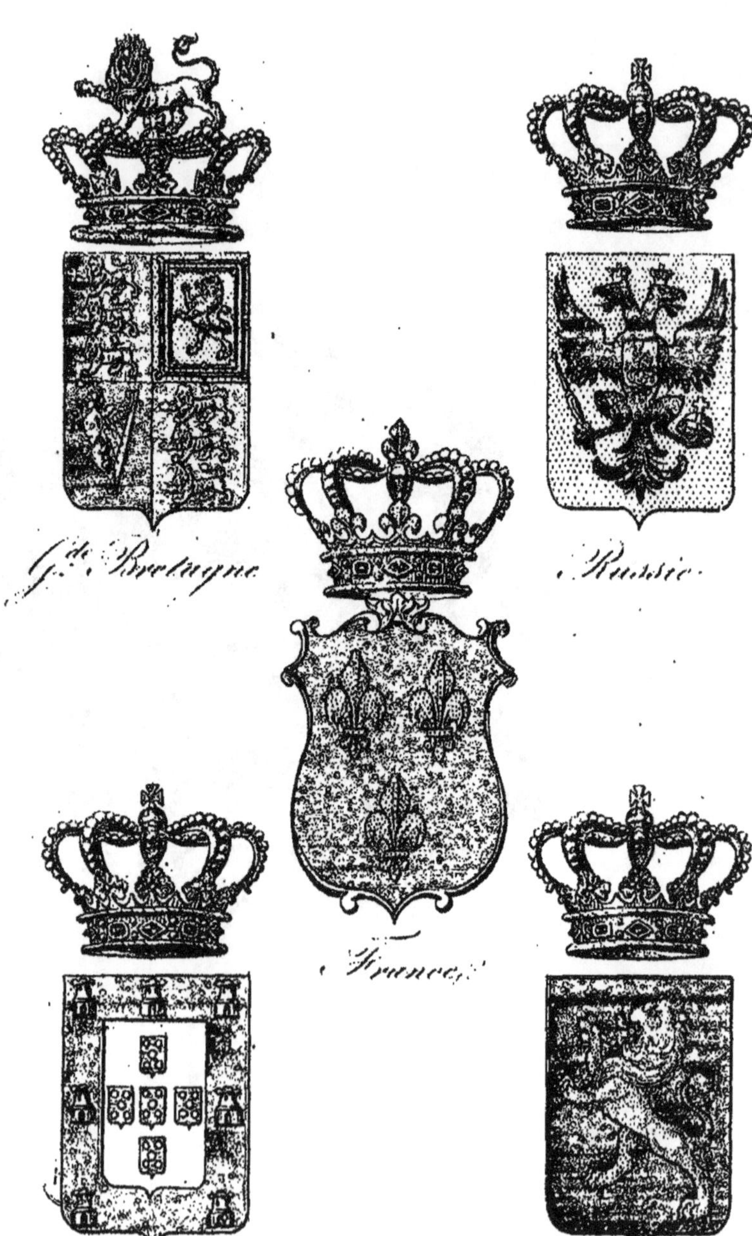

Gde Bretagne.
Russie.
France.
Portugal.
Belgique.